일제 강점기

동경 유학생

그리고 토월회 이야기

JN485127

탐구히스토리

일제 강점기 동경 유학생

그리고 토월회 이야기

김을한 지음

日帝 强占期 東京 留學生

金乙漢

탐구당

머리말

「동경 유학생」은 일찍이 일본에 유학한 적이 있는 사람들의 이야기이다. 해방 전 우리나라 인텔리들의 대부분은 일본 유학생 출신이었다고 해도 과언이 아니다. 그것은 일본이 제일 가까운 위치에 있는 이웃나라일 뿐더러 미국이나 영국 같은 데는 비용이 많이 들고 여권을 얻기가 매우 어려웠으므로 자연히 외국 유학을 하자면 일본밖에는 갈 곳이 없었기 때문이었다. 그와 같은 현상은 1910년 경술국치 이후 더욱 심하였으니 우리나라 현대사에 있어서 일본 유학생의 존재는 무시하려야 할 수가 없는 것이다. 따라서 정치, 경제, 학술, 체육, 문화 등 각 방면에 끼친 유학생의 공헌은 이루 헤아릴 수가 없을 만큼 막대한데 아이러니컬하게도 민족주의자, 독립운동가가 일본 유학생 출신 중에서 많이 탄생하였다. 1919년 3.1 만세 운동이 발발하기 거의 한 달 전인 그해 2월 8일 동경 유학생들이 주축

이 되어 소위 2.8 독립 선언을 하여 3.1 운동의 전주곡이 되게 한 사실만 보더라도 당시 일본 유학생들의 기개를 대강 짐작할 수가 있다. 그러므로 좋든 나쁘든 연극, 영화, 무용, 음악, 그림, 조각 등의 새로운 문화도 그들 유학생의 손으로 수입해온 것이 많고, 일본에 오래 있으면 있을수록 그들의 공통된 의견은 일본인이란 배냇병신과 같아서 좋은 점도 없지 않지만 소갈머리 없는 도국근성島國根性은 영원히 치유될 수 없는 큰 결점이라고 한다. 그 증거로는 36년 동안이나 조선을 지배하고 있으면서도 조금도 한국인을 이해하려 들지 않았으며 역사적, 현실적으로 엄연히 조선 민족이 존재하는 데도 그것을 부인하고 억지 춘향으로 동근동조同根同祖를 내세워서 종말에는 한국인의 이름까지 빼앗고 말과 글을 말살하려고 든 것만 보아도 그들의 소위 도국근성을 잘 알 수 있으리라는 것이다. 그러한 의미에서 「동경 유학생」은 지나간 날 일본 유학생들이 직접 보고 느낀 체험담을 기록에 남겨서 장래 한일관계를 새로 정립하는데 다소나마 참고 자료가 되게 하기 위해서 쓴 것이다. 그것은 대망의 해방은 되었으나 원수의 38선으로 말미암아 이북은 철통 같이 막힌 관계로 일본과는 다시 접근을 안 하려야 안 할 수가 없게 되었기 때문이다.

차례

제2부 토월회 이야기

제1부
가깝고도 먼 나라

서설

나는 일찍이 일본에 유학한 일이 있으며 태평양 전쟁 중에는 동경에서 문화 사업을 하였다. 그리고 해방 후 6.25 동란 중에는 신문사 특파원으로 오랫동안 동경에 거주하고 있었다. 따라서 나의 생애 가운데서 적어도 반세기에 가까운 세월을 일본에서 보냈다고 할 수 있으며 그동안에 보고 듣고 느낀 바도 적지 않다.

한일 양국 간의 여러 가지 문제는 너무나 가까운 데에 그 원인이 있다고 할 수 있다. 즉, 일위대수一葦帶水나 순치의 관계라는 말이 있듯이 두 나라가 너무 가까운 곳에 위치하고 있다는 사실은 좋은 일보다도 좋지 않은 일이 더 발생하기가 쉬우며 소위 “이웃사촌”이라는 것은 자칫 잘못하다가는 하룻밤 사이에 불구대천의 원수가 될 수도 있기 때문이다. 거리가 가깝다는 것은 그 옛날 왜구라는 이름의 일본 해적 떼가 자주 조선의 해안을 침범했고 도요토미 히데요시의 임진왜란과 일제 36년간의 한일합방도 모두 그에 연유함이었다.

또 한 가지 중요한 것은 지정학적으로 일본은 섬나라인데 반해서 한국은 대륙에 인접한 반도라는 사실이니 도요토미 히데요시가 임진왜란을 일으킬 때 중국대륙의 명나라를 치러 들어갈 계획으로 잠깐 길을 빌리려고 먼저 조선에 침입한 것이라고 했고 러일 전쟁 후 조선을 합병한 것도 조선이 청국이나 러시아의 세력권으로 들어가면 일본이 위협을 받게 된다고 강제로 합병을 강행한 것이었다.

또 한 가지 제2차 세계대전 후 해방된 조선은 뜻하지 않은 38선으로 국토가 양단되었건만 도리어 패전국인 일본은 분단의 비극을 모르고 고스란히 국토를 보전하였으니 그것도 따지고 보면 조선은 반도인데 반해서 일본은 대륙에서 멀리 떨어진 섬나라이기 때문이었다.

해방 후 오랫동안 한일 양국의 국교가 두절되었을 때 일본의 매스컴에서는 한국을 가리켜서 가깝고도 먼 나라라는 표현을 썼다. 그러나 국교가 재개되면서부터 최근에는 "가장 가깝고도 가까운 나라"가 되었으니 그것도 또한 한일 두 나라는 너무 인접해 있음으로 해서 관계를 끊으려야 끊을 수 없고 좋든 싫든 오늘의 세계를 함께 살아가지 않을 수가 없게 된 하나의 증거인 것이다.

1952년 제1차 한일회담에서 일본대표 구보다久保田가 "일본이 조선을 통치할 때에는 잘못한 일도 많겠지만 잘한 일도 많다. 한 예를 들면 산에 나무를 많이 심은 것 같은 일이다."라고 하여 물의를 일으킨 일이 있었는데, 그 후에 또 일본의 다나카 수상이 한국의 교육제도를 들어서 구보다 대표와 거의 같은 뜻의 담화를 발표해서 또 한 말썽을 일으켰다. 설사 과거에 일본이 무엇인가 잘한 일이 있다고 하더라고 그것은 일본에게 착취를 당하고 탄압을 받던 쪽에서 이야기를 해야 비로소 신빙성이 있고 가치가 있는 것이지 일찍이 조선을 지배하여 식민지 정치를 해온 일본 측에서 그와 같은 말을 한다면 그것은 시대감각이 없는 한낱 자기변명에 지나지 않으며 상당히 교양이 있는 외교관이나 지위가 높은 한 나라의 수상이 그러한 말을 한다는 것은 일본을 위하여 유감된 일이라고 하지 않을 수 없다.

무릇 세상이란 큰 줄기가 잘되었으면 사소한 것은 좀 잘못되었어도 상관이 없으나 큰 줄기가 잘못된 것은 아무리 작은 일을 잘 하였어도 아무 소용이 없고 빛도 나지 않는 법이다. 따라서 한일 양국의 관계만 하더라도 근본적으로 합방이라는 자체가 폭력과 협박으로 이루어진 비도덕적인 간행이었고 더구나 말기에 가서는 한국인의 성씨와 언어까지도 약탈하려고 했으므로 아무리 산에 나무를 많이 심고 또는 의무 교육제도를 실시하였다고 해도 그것을 가지고 악덕을 선행으로, 불의를 정의로 바꾸어 놓을 수는 없다. 그뿐 아니라 그러한 말을 하면 할수록 듣는 사람으로서는 불쾌한 마음과 함께 "그런 것은 다 너희들을 위해서 한 노릇이지 우리를 위해서 한 것이냐?"고 반문을 하게도 된다.

그러나 개인의 경우와 마찬가지로 한 국가나 민족도 지나간 과거에만 구애될 것이 아니라 오늘을 살고 또 내일을 위해서 살아나가야 할 것이므로 한일 양국은 이제 그만 과거의 욕설이나 변명을 그만두기로 하고 어떻게 하면 한일 양국이 대등한 관계로 소위 공존공영의 길을 연구하고 모색하여야 될 것이 아닌가.

한국은 8.15 해방 후 38선으로 국토가 양단되고 6.25 동란으로 다 같은 민족이면서도 이북과는 적대하고 있으며 아이러니컬하게도 어제의 적이던 일본과는 서로 손을 잡고 나가지 않으면 안 되게 되었다. 그만큼 해방 전에는 상상도 할 수 없을 만큼 세계정세가 격변하였기 때문이며, 그럼으로 해서 지금은 사상이 다른 동족보다도 사상이 같은 외국과 더 친밀하게 지내는 시대가 왔다고 할 수 있다.

일본은 다행히도 맥아더 원수의 덕택으로 국토가 분단되지 않고 패전 후 지금까지 보수당 내각이 정권을 장악하고 있다. 그 때문에 한국과는 비교적 관계가 양호하나 대한민국을 반대하고 부인하는 일본 사회당이나 공산당이 날로 세력이 커가므로 낙관할 수 없다.

그러나 대한민국이 엄연히 존재하는 것이 일본의 큰 이익이 되고 일본의 보수정권이 계속되는 것이 대한민국의 이익이 됨은 다시 말할 것도 없으니 그 점만은 한일 양국의 이해가 일치된다고 할 것이다. 따라서 일본이 만일 공산화 된다고 하면 대한민국은 문자 그

대로 샌드위치 격이 되어서 안보에 큰 위협을 받을 것이므로 이제는 일본의 운명을 전혀 남의 일로 만은 볼 수 없게 되었다. 그 점은 일본도 마찬가지이니 이 격동하는 시대의 한일 양국이 살아남자면 서로 겸허하게 과거를 반성하고 협조하여 새로운 역사를 개척해 나가야 되지 않을까?

그렇게 하는 데는 과거의 역사를 다시 한 번 회고하여 시시비비로 잘한 것은 잘하고 못한 것은 못했다는 사실을 솔직하게 인정하여 다시는 지나간 날의 잘못을 되풀이하지 않도록 해야 될 것이다.

그러한 뜻에서 과거 일본에 유학하여 새로운 지식을 습득하고 본국에 돌아와서는 조국의 해방과 신문화 건설에 막대한 공헌을 한 동경 유학생의 역사를 다시 한 번 더듬어 봄으로써 당시의 시대적 배경과 일본과 일본인의 좋은 점, 나쁜 점을 들어보기로 한다. 그리하여 한일 양국의 장래의 지침을 점쳐 보려는 것이다.

개방과 폐쇄의 차이

시인 김소운은 여러 해 전에 〈민족문화의 순결을 위하여〉라는 제목으로 근대 우리 문화가 일본인의 작품을 모방 혹은 도작한 것이 많았음을 지적하고 “한편으로는 망국의 한을 품고 자결한 민충정공 같은 분을 민족혼의 신상으로 모시는 백성이 다른 한편으로는 꿈에도 잊지 못하는 그 원수의 문화소산을 거침없이 삼키고 받아들일 수가 있는가?”라고 개탄하였다.

그리하여 실례로 구한말에 망국의 슬픔을 노래한 학도가의 곡조가 일본의 철도가인 “기데키 잇세이 신바시오……”의 곡조에 맞춰서 불렸다는 것과 유명한 춘원 이광수의 작사인 〈낙화암의 노래〉도 그 곡조는 역시 일본인 야나다가 작곡한 것을 도용했다는 것을 들고 이어서 조일재의 장편소설 〈장한몽〉은 오사키 고요의 〈금색야차金色夜叉〉를 번안한 것으로 “아다미노熱海 가이강海岸 산보散步 스루 강이치

貫一 오미야宮子 노 후타리쓰레"를 "대동강변 산보하는 이수일과 심순애 양인이로다."라고 옮겨놓는 데 불과하다는 사실을 지적하였다. 모두 사실이요, 또 정당한 말이다. 그러나 구한말의 후진성은 일본에 대해서만 그랬던 것은 아니다. 지금은 무슨 의식이 있을 때마다 반드시 불리는 "동해물과 백두산이 마르고 닳도록……"의 애국가도 구한말에는 영국 함대가 인천에 입항하게 되자 고종 황제가 그들을 환영하는 데 영국 국가에 맞설만한 것이 없음을 개탄하여 당시 학부 협판으로 있던 좌옹 윤치호에게 명하여 부랴부랴 작사를 한 것인데, 가사는 되었으나 작곡은 아무도 할 줄을 몰랐으므로 부득이 스코틀랜드의 민요인 〈올드 랭 사인Auld Lang Syne〉의 곡조를 그대로 본떠서 해방 후까지 전해 내려왔다.

그와 같이 현대 문화에 뒤떨어진 구한국은 새로운 것이라고 하면 무엇이고 받아들이고 또 그것을 이용하지 않을 수 없었으니 일본인의 소설이나 작곡을 모방하고 이용한 것도 특별히 그것이 좋아서 그랬다기보다도 우리에게는 없는 새로운 문화를 수입하는 데 있어서 가장 가까운 곳이 일본이요, 가장 받아들이기가 쉬웠던 것이 일본인의 작품인 까닭에 그같이 된 것이 아닐까 생각한다.

이것은 구한국이 전대에서 근대로 탈피하는 한 과정에 있어서 불가피한 현상이라고 하겠으며 한편으로는 일본의 침략을 통분하고 민족의 비운을 한탄하면서도 다른 한편으로는 오히려 일본의 문물을 받아들인 모순도 넉넉히 이해할 수가 있다.

다시 말할 것도 없이 고대의 우리 문화는 일본보다 훨씬 앞섰던 것이 사실이며 따라서 일본 문화는 거의 대개가 대륙으로부터 전래된 것인데 19세기에 이르러 동서 문명이 교체될 때에 일본은 용감히 문호를 개방하여 솔선해서 서구 문화를 받아들인 반면 청국과 한국은 그와는 정반대로 쇄국 정책을 써서 그것을 거부했기 때문에 20세기의 신문화를 수입하는데 있어서는 일본보다 한국이나 청국이 도리어 뒤떨어지게 되었다.

그 중에서도 한국은 대원군의 쇄국 정책으로 말미암아 천재일우의 호기를 놓친 것이며 일본은 메이지 유신의 혜택으로 재빨리 서구의 신문화를 과감하게 받아들여 동양 제일의 부강한 나라가 될 터전을 이룩한 것이다.

일본 문화의 뿌리라고도 할 한국이 오랫동안 일본의 식민지로 있게 된 것도 그 때문이며 일본은 서구의 문물을 직접 수입하였건만 한국은 일단 일본에 들어온 것을 간접적으로 그것을 다시 수입하지 않을 수 없었던 것도 역시 그 때문이었으니 경술국치을 전후하여 8.15 해방이 되기까지 한국이 일본의 영향을 많이 받게 된 것은 또한 어쩔 수 없는 일이라고 할 것이다.

그러므로 김소운이 지적한 바와 같이 〈학도가〉나 〈낙화암〉의 곡조가 일본 것이요, 〈장한몽〉의 원작이 사실은 〈금색야차〉를 모방한 것도 결코 자랑할 것은 못되나 그리 책망할 것은 아니라고 생각한다.

그러나 문제는 그 후에 있다. 암흑하고 우매하던 초창기의 일은 그렇다고 하더라도 8.15 해방이라는 역사으로 커다란 변혁과 6.25라는 사상 초유의 참담한 전쟁을 겪었으면서도 세계에 자랑할 만한 문학 작품 하나를 내놓지 못하고 겨우 일본 여성의 수기인 〈흐르는 별은 살아있다〉를 〈내가 넘은 38선〉이라고 번역해서 그것이 오랫동안 베스트셀러가 되었다는 사실은 얼마나 부끄러운 일인가? 이것은 분명히 우리나라 인텔리들의 태만 아니면 능력부족인 것이다.

8.15나 6.25와 같은 다시 경험할 수 없는 거대한 소재는 톨스토이의 〈전쟁과 평화〉는 못되더라도 린위탕林語堂의 〈북경호일北京好日, The Moment in Peking〉에 필적할 만한 작품 하나쯤은 나올 만하다는 점에서 우리 스스로의 무능과 무력이 새삼스럽게 원망스러워진다.

서구 문화의 재수입

전기한 바와 같이 일본은 메이지 유신을 계기로 아시아에 있어서 서양 문명의 선진국이 된 반면 우리 한국은 세계 대세를 모르고 여전히 청국만을 믿고 옛날 옛적 꿈만 꾸고 있다가 필경 부국강병이 된 일본에게 침략을 당하고 말았거니와 그로 말미암아 한국의 후진성을 탈피하고 망실된 국권을 회복하려면 좋건 싫건 가까운 일본에 유학해서 일본이 이미 수입해온 서양 문화를 또 다시 재수입할 수밖에 없었으니 동경 유학생은 여기서부터 시작된다.

따라서 19세기 말엽, 즉 구한말로부터 왜정 치하 36년간의 동경 유학생의 수효는 이루 헤아릴 수 없을 만큼 많으며 8.15 해방 이전 한국의 지식 계급은 대개가 동경 유학생 출신이라고 하여도 그리 과언은 아닐 것이다.

그러면 어째서 일본 유학생이 그렇게 많았는가 하면, 첫째는 통치자 일본이 한국인은 되도록 다른 외국에는 내보내지 않았고, 둘째 한국에 나중에 경성제대가 하나 생기기는 했으나 그것은 주로 한국에 거주하는 일본인의 자제들을 위한 기관으로 한국인은 여간해서는 들어갈 수가 없었으므로 고등 교육을 받자면 자연히 가장 가까운 일본에 유학을 하는 수밖에 없었기 때문이었다.

그뿐 아니라 그때의 조선은 일본의 식민지였으므로 인권은 극도로 억압되고 경찰의 탄압이 심하여 사람이 사람 노릇을 못하였으나 일본에만 건너가면 조선과는 달리 비교적 차별 대우가 적고 우선 순경의 말투부터 훨씬 부드러웠으므로 청년 학도들은 어차피 일본식 교육을 받을 바에는 일본의 심장부로 가서 하는 편이 낫겠다는 생각에서 거의 고학을 하면서도 일본 유학을 계속해 왔다. 그 때문에 8.15 해방 전 한국 신문화의 대부분이 동경 유학생에 의해서 이루어 졌으며, 일본에서 배운 지식으로 조선 광복을 위해서 신명을 바친 애국지사가 많이 난 것도 특기할 만한 일이니 그 점은 일본 유학생 출신의 중국인들이 배일 운동의 선봉이 된 것이나 마찬가지이다.

일본 유학 제1호

그러면 일본 유학의 제1호는 누구인가? 기록에 의하면 윤치호, 유길준 두 분이 처음 일본에 유학한 것으로 되어 있는데, 윤치호는 후일 외부협판, 원산 감리를 거쳐서 독립 협회와 서울 기독교 청년회YMCA의 지도자가 된 분이요, 유길준은 해방 전 연희 전문학교 교장으로 미군정 때 초대 문교부 장관을 지낸 유억겸의 부친이 되는 바, 그들이 일본 유학을 하게 된 동기는 이러하다.

1881년 4월 박정양 내각이 탄생하자 한국의 궁정과 정부에서는 메이지 유신 후의 일본의 약진상을 시찰하여 국정을 쇄신할 목적으로 박정양 수상의 지시로 60여 명의 중요 인물을 일본에 파견키로 하였다. 그들 대부분이 대신이나 차관급의 거물들로 당시 한국에서는 제1급에 속하는 인물들이었는데, 그 중에는 후일 갑신정변을 일으킨 김옥균, 박영효, 홍영식, 서광범 등과 월남 이상재도 포함되어 있었다. 그들 중 윤치호, 유길준 두 사람은 17, 19세의 최연소자였는바, 그때 정부의 생각으로는 대신급 인물 이외에 특히 신진기예한 청소년을 몇 사람 보내서 일본의 문물을 견학시키는 것이 좋겠다고 하여 윤, 유 두 사람은 수재라고 해서 특별히 발탁되었다.

메이지 유신에 성공한 일본은 솔선하여 서양 문화를 배우기에 힘써서 국회와 헌법을 만들고 의무 교육 제도를 실시하는 한편 육군은 독일, 해군은 영국, 미술은 프랑스를 따라가려고 전력을 경주하던 때였으므로 일본에 도착한 일행은 깊은 감명을 받고 자기들도 귀국하면 정치를 쇄신해서 무엇보다도 뒤떨어진 개화를 이룩할 것을 명심하였다.

그리하여 시찰단은 얼마동안 일본 각지를 시찰한 후 귀국하게 되었는데, 그 중 김옥균만은 나중에 갑신정변을 일으킬 커다란 계획이 있었던 만큼 일행과는 떨어져서 그대로 일본에 남아 있게 되었으며 나이가 제일 어린 윤치호, 유길준 두 사람도 일본에 남아서 공부를 하게 되었으니 이것이 일본 유학의 효시이다.

윤치호와 유길준

김옥균은 어학의 천재이며 외교 수완도 탁월하였으므로 일본에 간 지 얼마 안 되어 벌써 수많은 지인들을 얻게 되었다. 그는 시찰단 일행이 본국으로 돌아가자마자 즉시 윤치호를 간다神田에 있는 나카

무라中村正直 한학자의 도진사同人社로, 유길준을 이다三田에 있는 후쿠자와福澤諭吉의 게이오기주쿠慶應義塾에 입학케 하여 우선 일본어를 배우게 하였다. 그리고 특히 어학에 재주가 있는 윤치호에게 장래에는 영어를 알아야 하니 일본어와 영어도 배우라고 권하여 밤마다 주일 네덜란드 공사 부인에게 영어를 배우게 하였다. 그런지 얼마 안 되어 때마침 한미통상조약으로 미국의 초대 주한 공사 푸트 장군이 한국으로 부임하게 되어 군함을 타고 요코하마에 도착하였는데, 그때 푸트 공사의 큰 걱정거리는 한국에 가서 고종 황제께 신임장을 봉정하는 데는 한국인의 통역이 필요한데 과연 한국에 그만한 사람이 있을까였다.

그리하여 푸트 공사는 동경에 들러서 외무대신 이노우에井上를 보고 한국 사람으로 통역할 만한 사람을 한 명 추천해 달라고 부탁하였다. 그러나 이노우에 외상도 그런 사람을 알 까닭이 없으므로 일부러 김옥균을 청해보고 "당신의 나랏일이니 영어를 할 줄 아는 한국 사람이 있거든 한 사람 천거하라"고 다시 부탁하였다. 이 부탁을 받은 김옥균은 생각다 못해 "있기는 한 사람 있는데 영어를 지금 배우는 중이므로 과연 통역을 잘할 수 있을지 모르겠다."고 하면서도 즉시 윤치호를 천거하였다.

나중에 그 말을 듣고 윤치호는 깜짝 놀랐다. 영어를 배우기 시작한지 겨우 10일밖에 안 되는데, 그 동안에 배운 것을 가지고 어떻게 통역을 한단 말인가? 더구나 보통 일도 아니고 특명 전권대사가 한국 황제에게 미국 대통령의 신임장을 바치는 엄숙한 의식에 18세 소년이 쥐꼬리만 한 영어를 가지고 통역을 한다는 것은 생각만 해도 몸서리가 처질 일이었다. 그래서 윤치호는 몇 번이나 굳이 사양을 하였으나 당시는 그만큼이나 영어를 배운 사람도 없었으므로 김옥균의 권고도 있고 해서 윤치호는 할 수 없이 푸트 공사의 통역생이 되었다. 윤치호의 수기를 보면 '통역이 되긴 하였으나 어찌나 불안한지 며칠 동안 밤에 잠도 잘 자지 못했으며 일영사전을 한 권 사서 푸트 공사와 함께 서울에 와서 서투른 영어로나마 고종 황제께 신임장을 봉정하고 나니 등에서 식은땀이 흘렀으며 자기의 부족한 영어가 훌륭하게 통용된 것이 매우 신기로웠다'고 하였다.

이것만 보아도 그때 사람들이 얼마나 조숙하였으며 윤치호가 또 얼마나 어학에 재주가 있었는지를 짐작하게 하며 그것보다도 주한 미국 공사의 통역을 일본 외상에게 부탁하고 일본 외상의 추천으로 주한 공사의 한국인 통역이 결정되었다는 사실은 지금의 외교 상식으로는 도저히 상상도 할 수 없는 일이니 그야말로 호랑이 담배 피우던 시절의 이야기다.

그것을 계기로 윤치호는 갑신정변이 일어나서 상해로 망명할 때까지 약 2년 동안 푸트 공사의 통역으로 있었지만 그의 유창한 영어는 비록 짧은 동안이나마 일본 유학 중에 그 토대를 닦은 것이었다.

갑신정변과 일본

1884년 12월 갑신정변 당시의 한국은 청국의 속국이라 서울에는 수천 명의 청국 병정이 주둔하고 있어서 한국의 황제보다도 청의 장군 위안스카이袁世凱가 더 권력이 있었다. 따라서 정부의 인사도 위안스카이가 좌우하니 독립국이란 말뿐이고 사실은 청국의 괴뢰에 불과하였으므로 진정한 애국자라면 도저히 참을 수가 없는 모욕이었다. 이에 청국의 세력을 한국으로부터 몰아내고 위안스카이에게 아부하여 일신의 영달에만 급급한 사대당을 타도하기 위해서는 메이지 유신으로 갑자기 부국강병이 된 일본의 세력을 이용할 수밖에 없다고 판단한 일파가 있었으니 그들이 곧 김옥균, 박영효, 홍영식 등의 개화당이었다. 그리하여 김옥균은 갑신정변과 같은 혁명을 일으켜서 사대당 정부를 타도하기 위해서는 무엇보다도 인재를 양성해야겠다는 생각에서 많은 청년을 일본에 유학시켰다. 맨 먼저 윤치호와 유길준을 일본에 남게 한 것도 그러한 원대한 생각에서였다.

게이오기주쿠慶應義塾의 창설자 후쿠자와 유키치는 김옥균의 혁명 정신에 큰 감명을 받고 물심양면 최대의 성원을 아끼지 않았으니 당시 그의 저택에는 항상 수십 명의 조선 유학생이 뒹굴었으며 그들은 대부분 일본 육군 사관 학교에서 교련을 받은 후 귀국하여 갑신정변 때 크나큰 역할을 하였다.

갑신정변은 일시 성공하여 사대당 정부를 타도하는 데 성공하였으나 청국의 간섭과 일본의 배신으로 결국 삼일천하가 되고 말았으며 우정국 총판으로 개화당의 중진이었던 홍영식은 역적으로 몰려서 참살되고 김옥균, 박영효, 서광범 등은 구사일생으로 겨우 일본에 망명하였다. 어쨌든 한국 근대사에 커다란 파문을 일으킨 갑신정변이 일본 및 일본 유학생과 관계가 가장 깊었다는 것 또한 흥미 있는 일이라고 하지 않을 수 없다.

갑신정변으로 크게 자극을 받은 한국 정부에서는 비록 늦게나마 한국의 후진성을 자각하고 육영 사업에 힘쓰게 되어 매년 수십 명의 관비 유학생을 일본에 파견하고 동경 고지마초에 유학생 감독부를 두어서 유학생의 기숙과 지도를 하였다. 유학생 감독부는 1910년 한일합병 때까지 계속 되었으며 합병이 되자 없어졌는데, 그 대신 동경 간다神田에 있는 조선 기독교 청년회YMCA가 기숙사 설비를 하여 유학생들의 편의를 도모하게 되어 김정식, 백남훈, 최승만 등의 역대 총무는 유학생 지도에 많은 공적을 남겼다.

구한말로부터 한일합병 전후의 한국은 지도자를 잘못 만난 탓으로 근대화에 엄청나게 뒤떨어졌으므로 자연히 일본 유학생을 통해서 서구 문화를 섭취할 수밖에 없었다. 그에 따라 일본 것을 그대로 모방한 것도 적지 않았으나 그것은 창조를 하기 위한 하나의 과정으로서 조금도 부끄럽게 생각할 것은 없다. 그러므로 초창기 유학생들의 의로운 기개는 자못 헌앙한 바가 있었다. 그것은 누구나가 일본 유학을 마치고 고국에 돌아가면 일본에서 보고 배운 것을 그대로 옮겨서 뒤떨어진 신문화를 창조하려는 열의가 있었기 때문이다. 그리하여 모두가 청년지사의 기개로써 학업에 힘쓴 결과 종래에는 없었던 여러 가지 사업과 운동을 일으켜 신문화 건설의 개척자적 역할을 다하였다.

지일파知日派가 배일파排日派로

1910년 한일합병이 되자 마치 개울물이 높은 곳에서 낮은 곳으로 흘러내리듯 조선의 뜻있는 청년들은 청운의 큰 뜻을 품고 동경으로 몰려들었으니 동경제대가 있는 혼고구本郷區, 도요東洋 대학이 있는 고이시카와구小石川區, 주오中央, 메이지明治, 니혼日本, 센슈專修 등의 각 사립 대학이 있는 간다구와 와세다早稲田 대학이 있는 도쓰카초戸塚町 일대에는 항상 조선 학생들이 들끓었다. 그들 대부분은 고학생으로 우유 배달이나 신문 배달을 해서 학비를 벌어 썼으나 틈만 나면 간다에 있는 조선 YMCA에 모여서 고달픈 객지 생활을 위로하고 장래에 대한 원대한 포부를 서로 이야기 했다. 당시 이런 이야기도 있다.

한일합병 다음 해에 일본은 저희 나라의 부강한 것을 과시하기 위해서 한국으로부터 일본 시찰단을 초청하였다. 당시 각 방면의 일류 인물들이 망라되었는데 그 중에는 청년회YMCA를 대표하여 월남 이상재 선생도 끼어 있었다. 월남 선생은 민족의 지도자로 특히 청소년들의 존경을 한 몸에 받고 있었다. 조선 유학생들이 이전에 한국 공사관이던 유학생 감독부로 선생을 초청하여 강연을 청하였다.

선생은 강연회장에 들어서자마자 하늘을 우러러 한 번 껄껄 웃고 곧 이어 흐느껴 우는데 장내는 침통한 빛으로 가득차서 강연은 필경 시작할 수가 없었다. 이윽고 선생은 눈물을 거두면서 "내가 평생에 울지 않고자 하였더니 오늘 처음으로 운다. 내가 이 집을 한국 공사관 때에 와서 보았는데 유학생 감독부가 된 오늘에 와보니 옛일이 새롭도다." 이같이 말씀하고 눈물 흔적이 가시지 않은 채 노안을 들어 청중을 향하고 "오늘 청년 제군을 이 자리에서 만나니 부모를 잃은 동생을 만난 것과 같도다."라고 하여 만장의 청년 학생들로 하여금 뼈가 저리게 하였다.

동경에 있는 조선 YMCA는 유학생 감독부의 후신이나 다름없었으므로 누가 그렇게 하라고 해서 된 것도 아니었건만 월남 선생의 눈물어린 강연이 있은 후 동경 조선 YMCA는 일본에 가있는 우리 유학생의 마음의 고향이 되어 기쁜 일이나 슬픈 일이나 항상 YMCA에 모여서 울기도 하고 웃기도 했다. 그러므로 일본에 가있는 유학생은 누구나 한 번은 조선 YMCA를 들렀으며 모든 일이 YMCA를 중심으로 이루어졌으므로 일본의 수도인 동경 한복판에 있으면서도 조선 YMCA에만 가면 마치 우리나라에 온 것처럼 항상 마음이 흐뭇하고 안심이 되었다. 그런데 한 가지 흥미 있는 사실은 한국이나 중국이나 동경을 중심으로 한 일본 유학생 출신들이 대부분 일본을 증오하여 배일 운동에 앞장섰다는 것이다.

갑신정변의 김옥균 선생을 위시하여 수많은 한국 사람들이 개인적으로는 일본인의 신세를 많이 져서 항상 그것을 고맙게 여기면서도 민족적 혹은 국가적으로는 마치 불구대천의 원수와 같이 일본을 대한 것은 대체 무슨 까닭일까?

그것은 한 마디로 말해서 일본인의 섬나라 근성과 일본인의 침략야욕 때문이니 달면 삼키고 쓰면 뱉는 너무나 약삭빠른 염량과 배신을 떡 먹듯이 하는 그 고질이 고쳐지지 않는 한 일본 및 일본인은 영원히 신뢰 받지 못하는 존재가 될 것이다. 그 점은 공교롭게도 중국 사람도 마찬가지였으니 중국 혁명의 아버지 쑨원孫文이나 황싱黃興으로부터 시작하여 장제스蔣介石와 왕자오밍汪兆銘에 이르기까지 한때는 모두 동경에 유학이나 망명을 하여 중국 혁명 때 개인적으로는 일본인의 적지 않은 원조를 받았음에도 국가적으로는 후일 일본군의 침략으로 오랫동안 전쟁을 계속하지 않을 수 없었다.

그러므로 과거 중국인과 한국인의 항일 운동이나 배일 운동은 거의 대개가 일본 유학생이 중심이 되었으니 그것은 소위 지일파로 일본을 잘 알면 알수록 일본의 결점과 단점도 잘 알게 되어 일본을 가본 일이 없는 사람들보다도 오히려 적개심이 더 한층 강렬한 때문이 아닌가 한다.

역사상 유명한 1919년 3.1 운동도 첫 발단은 그해 2월 8일 동경에 있는 조선 YMCA에서 거행된 조선 유학생들의 독립 선언 대회에 있었으니 당시 일본 유학생들이 얼마나 조숙하고 또 진보적 두뇌의 소유자였던가를 잘 알 수 있다.

나는 3.1 운동의 밑바탕이 된 독립 선언 대회의 진상과 당시의 시대적 배경을 알아보기 위하여 재일본 조선 YMCA 전 총무 최승만 선생이 기록해 놓은 것을 이에 들추어 보기로 한다.

2.8 독립 선언의 내막

1919년 2월 8일 오후 2시 일본 동경에 있는 조선 기독교 청년회 YMCA 회관에서는 조선 유학생들이 조국의 자유와 독립을 위하여 결사 투쟁할 것을 국내외에 당당히 선포하였다.

그때 2월 8일은 추운 날씨가 아직 가시지 않아 동경에서는 보기 드문 눈이 펄펄 내리고 있었다. 40~50명의 일본 사복, 정복 경찰이 옥내, 옥외에서 우리의 일거일동을 무시무시하게 감시하고 있는 분위기 속에서 독립 선언식이 거행되었다.

아슬아슬한 가운데 독립 선언식이 끝나자마자 식장은 우리 유학생과 일본 경찰 사이에 치고받는 난투가 벌어지게 되어 연설회장은 일대 수라장이 되고 말았다. 접는 나무 의자를 서로 들고 치는 소리 또 마룻바닥에 나가떨어지는 소리가 처참하기 짝이 없었다. 또 당시 일본 경시청에서 내선계 형사로 있으면서 민족을 팔아먹고 지내는 선우갑이란 자의 지휘로 많은 학생들이 형사들에게 두드려 맞으면서 강제로 경찰서에 붙들려 가는 광경도 처참하기 짝이 없었다.

3.1 운동도 맨주먹으로 일어난 것이지만 2.8 운동이야말로 창이나 칼 한 자루 없이 빈손으로 동양의 최대강국 아니 세계의 5대 강국 중의 하나였던 일본에 항거한 운동이었다. 소위 신성불가침이라는 천황이 자리 잡은 일본의 수도 동경 한복판에서 일제에 대하여 너희들은 무력과 위협과 사기로써 한국을 먹어버렸으니 아무래도 우리는 다시 독립을 해야 되겠다고 부르짖었으니 이것은 한국 청년의 자유가 아니면 죽음을 달라는 결사적 굳은 결의의 발로였다.

2.8 운동의 동기는 어디 있었는가? 1917년 10월 11일 제1차 세계대전이 끝나자 다음해 6월 미국의 윌슨 대통령은 민족 자결주의를 제창하였다. 식민지 통치 하에서 신음하고 있던 전 세계 수많은 약소민족에게는 일대 희소식이 아닐 수 없었다. 일본에게 병합된 지 10년 동안 2천만 민족의 가슴속에 맺힌 망국의 한을 풀어 볼 길이 없어 오직 그 기회만 노리고 있던 차에 이 소식을 듣게 되니 국내의 지도층은 물론이고 해외의 뜻있는 동포들도 가만히 있을 수가 없었다. 특히 우리 일본 유학생들은 그해 여름부터 이에 대한 모의를 하기 시작했다. 당시 유학생계의 중진이라 할 수 있는 인물은 최팔용, 김도연, 백관수 등이었다. 그때 동경에는 유학생 학우회가 있어서 말하자면 학생 운동의 중추 기관이라고 할 수 있는데 최팔용, 김

도연, 백관수 3인은 모두 학우회의 회장이나 총무를 역임한 바 있었다. 최팔용은 그때 학우회 기관지 〈학지광學之光〉이라는 잡지의 편집국장으로 있었고 나는 그때 편집위원이었다. 이런 관계로 피차 의기가 상통하였다. 여름 방학 때 그는 나에게 단둘이 어떤 조용한 장소에서 만나자고 하였다. 날짜는 기억할 수 없으나 8월 중 아닌가 한다. 그때 그의 말이 미국 대통령 윌슨의 민족 자결주의 제창은 우리가 조국 광복을 부르짖기에 절호의 기회가 아니냐고 하던 것이 역력히 생각난다. 그러므로 2.8 운동의 시작은 1918년 8월경부터라고 해도 좋을 것 같다. 이때부터 비밀히 동지를 규합하여 운동의 방침을 서로 논의하였다. 12월 1일 동경에서 발간되던 〈재팬 어드버타이저Japan Advertiser〉라는 영자 신문에 "미국에 있는 한국인 중 이승만, 안창호, 정한경 3인이 한국 민족 대표로 독립을 청원하기 위하여 파리 강화 회의에 파견되었다"는 내용의 기사가 보도되었고 1월 15일 동경 아사히 신문에는 "미국 샌프란시스코에 거류하는 한국인들이 독립운동 자금으로 30만 환을 모금하였다"는 기사가 났다. 유학생들의 마음은 더욱 흥분하기 시작하였다. 그리하여 이때야말로 우리들이 민족적 의사를 표명하는 것이 가장 좋겠다고 생각했다. 미국에서 강화 회의에 보낸 우리 대표들의 호소를 조선 총독부는 자기들의 통치를 받아 보지 못한 불평분자의 잠꼬대라고 역선전하는 문서까지 작성 중이라는 말도 있어서 하루빨리 우리 2천만 한국 민족은 일제의 노예 생활에서 벗어나 자유로운 독립 국가가 되기를 열망한다는 의사표시가 있어야 하며 이 같은 거족적 운동의 선구자적 역할은 누구보다도 동경에 있는 유학생들이 먼저 해야 된다고 생각하였다.

2.8 독립 선언 기념비

죽음을 각오한 궐기

일본 경찰의 감시를 피해가면서 독립운동의 방책을 상의하던 끝에 학우회 주최로 겨울 방학을 이용하여 웅변대회를 열고 여기서 독립운동에 관한 이야기를 해보자고 하였다. 그리하여 12월 하순 날짜는 미상이나 유학생들의 유일한 회관이던 조선 기독교 청년회관에서 웅변대회를 갖게 되었다. 때가 때인 만큼 수백 명의 학생들이 모여 대성황을 이루었으며 그들의 얼굴에는 각기 독립운동을 위해서는 목숨을 아끼지 않겠다는 결심의 빛이 엿보였다. 연사로는 서춘, 이종근, 윤창석, 김상덕 등으로 민족 자결의 대원칙 하에 우리 민족은 반드시 자주독립을 획득해야 하며 이 목적을 달성함에는 우리 유학생들이 앞장서서 결사의 의기로써 용감스럽게 나가야 한다고 열변을 토하였다.

흥분 속에 긴 시간의 강연회는 끝이 났으나 학생들은 해산할 줄 모르고 밤이 깊어 자정이 넘도록 독립운동의 방안에 대하여 논의하다가 최팔용, 백관수, 김도연, 윤창석, 서춘, 김철수, 이광수, 송계백, 이종근, 최근우, 김상덕 등을 뽑아 이들에게 모든 일을 일임하기로 결의하고 산회하였다.

선출된 대표들은 일본 경찰의 감시를 피해가면서 이곳저곳에서 모여 의논을 하였다. 독립 선언서와 결의문은 이광수에게 만들게 하되 영문과 일문으로도 각각 번역해서 일본의 조야와 외국 공관에도 보내기로 하였다. 태극기도 준비하여 동경 시가의 시위행진을 강행할 때 사용키로 하였지만 이것은 실행하지 못하였다. 자금 문제도 있었지만 국기를 만드는 것도 그리 쉬운 일이 아니기 때문이다.

이 운동을 전국적으로 퍼지게 할 목적으로 송계백을 본국에 보내어 3.1 운동의 지도적 활동을 담당했던 최린, 송진우, 현상윤, 최남선 등을 만나도록 하였다. 그리하여 국내에서도 거사 계획이 진행중이라는 것을 알게 되었고 정노식에게서 상당액의 자금을 받았으며 인쇄 활자도 다소 가지고 오게 되었다. 여자 유학생 김마리아와 현덕선에게서 30~40원의 성금을 받은 일도 있었다. 그러나 가지고 온 활자로는 충분치 못하여 부득이 선전문과 결의문은 등사로 밖에 할 수 없었다. 이때 상해에 있던 장덕수와 미국에 있던 여운홍이 잠입하여 중국과 미국에 있는 우리 동포의 동태를 알려주기도 했으며 국내외의 긴밀한 연락이 필요하다는 것도 알게 되었다. 2월 7일까지 모든 준비는 완료되었다. 약 2개월 동안 거사 준비를 하는 동안 우리들의 비밀이 누설되지 않았음을 스스로 위로하면서 비장한 각오로 백지에 붓으로 쓴 독립 선언서에 최만용, 윤창석, 김도연, 이종근, 송계백, 김철수, 백관수, 김상덕, 서춘 등 9인의 대표는 차례대로 자필 서명을 하였다.

서명한 11명 중 이광수와 최근우는 그 후 바로 동경을 떠나 상해로 가게 되었다. 그쪽과의 연락도 필요하기 때문이었으며 남은 9인은 반란죄로 기소될 것이 분명하였다. 사형까지는 몰라도 무기 혹은 10년 이상의 형을 받게 되리라는 것은 이미 각오한 바이다. 국민의 일원으로 국가와 민족을 위하여 언제든지 한번은 죽을 인간이거늘 이러한 숭고한 일에 목숨을 바치는 것이 오히려 영광이라는 생각들이었다. 앞으로 10여 시간밖에 남지 않은 내일 오후 2시의 거사가 무사히 될까 하는 불안한 생각이 누구에게나 있었다. 그때나 지금이나 돈 몇 푼에 눈이 어두워서 나라와 민족을 팔아먹는 반역배가 있기 때문이다. 2.8 운동의 작전 본부가 된 와세다에 있는 백관수의 하숙집에는 내일의 계획과 지금 이후의 일을 상의하기 위하여 여러 동지가 모여 있었다. 백관수를 위시하여 김도연, 이종근, 장영규, 최완순, 장인환, 변희룡, 최재우, 최승만 등이었다. 밤 11시를 치는 괘종 소리가 들렸다. 가만가만히 오는 발자국 소리가 가까이 온다. 여러 사람들의 신경은 날카로워졌다. “누구요?” 하니 “학생 잠깐 나오세요.” 하는 집주인 과부였다. 밤참을 준비하겠으니 모두 몇 분이냐는 것이다. 뜻밖의 일이었다. “조금도 달리 생각마세요. 저는 여자라서 아무것도 모릅니다마는 여러분들이 자기 나라를 찾으려고 목숨을 내놓고 일하겠다는 그 기백만은 존경하지 않을 수가 없습니다. 여러분의 누님이나 아주머니가 마련해주는 밤참으로 알고 잡숴주세요.”

이 과부는 중국인 남자와 일본인 여자와의 혼혈이라는 것도 나중에 알게 되었다. 그러고 보면 이러한 일본 여자도 있는데 돈 몇 푼에 팔려서 원수인 일본의 앞잡이가 되어 우리의 일을 밀고하는 스파이 노릇을 한단 말인가? 분한 마음을 더욱 금하지 못하였다.

3.1 운동이 터지다

2월 8일이다. 학우회 총회라는 이름으로 오후 2시에 대회를 열기로 했다. 정오되기 전부터 유학생들은 모이기 시작하였다. 대회장인 조선 YMCA 회관 주위에는 벌써부터 정, 사복 경찰이 둘러싸고 있었다. 정각이 되자 당시 학우회 총무로 있던 백남규가 개회를 선언하고 곧 이어서 최팔용이 긴급동의를 하면서 단상으로 올라가 조선청년독립단의 발족을 선언하고 곧 백관수로 하여금 독립 선언서를 낭독케 하고 또 재빨리 김도연에게 결의문을 낭독케 하였다. 그러고는 서춘에게 선동 연설을 개시하라고 독촉하였다. 진작부터 애기했던 일본 경찰의 해산 명령은 떨어지고야 말았다. 흥분한 우리 유학생들은 고함을 지르며 일어났다. 서로 때리고 치는 싸움이 벌어졌다. 그러나 힘의 부족으로 많은 학생들이 끌려가고 말았다. 이로써 독립 선언식은 끝났으나 이것이 마지막은 아니었다. 다음날이었다. 고지마치구麴町區 中六番地 – 지금은 지요타구로 변했지만 옛날 한국 공사관 자리에 유학생 감독부라는 기숙사가 있었다. 주로 관비 유학생이 수용되었지만 학비가 넉넉지 못한 사비 유학생도 기숙이 허용되었다. 그때 서춘, 이종근과 나도 함께 거기에 있었다. 나는 기숙사생 중 한 사람인 김항복과 더불어 동맹 퇴사의 모의를 해보았다. 그랬더니 두말없이 찬성하므로 이에 용기를 얻어 80여 명의 기숙사생이 유학생 감독부 앞뜰에 모여 한 사람의 반대도 없이 총 퇴사를 결의하였다. 그 후 제2차의 운동 계획이 조선 YMCA 2층 기숙사 나의 방에서 비밀리에 진행되었다. 주로 변선용, 장인환 등과 더불어 의논하게 되었다. 일본 경찰에 붙들려 간 9인 동지의 뜻을 이어 삼사일 후에 히비야日比谷 공원 광장에서 전체 유학생 대회를 열고 기만과 위협으로써 무단 정치를 자행하는 일제를 규탄하고 조선 독립을 선포하는 선전문을 현장에서 뿌리고 또 선동 연설도 하기로 하였다. 선전문은 내가 만들기로 하고 서명은 변선용, 장인환, 강종섭, 최재우, 최승만 등 도합 5인이 하였다. 그러나 사전에 발각이 되었다. 아마 우리 유학생 중에 어떤 자가 밀고하였던 것 같다. 대회를 오전 10시에 시작하기로 정했었는데 그날 아침 6시경 내가 있는 방에 여러 명의 형사대가 들이닥쳐서 경찰서로 가자는 것이었다. 니시간다 경찰서 2층 형사실에는 서명한 동지들이 벌써 붙들려 와 있었다. 선전문 등사는 장영규에게 부탁하여 이것을 대회장으로 가져오게 했는데 이것도 압수된 것을 알았다. 형사들은 우리들을 때리고 팔을 비틀면서 위협하였다. 다 아는 일이고 증거물이 있으니 어서 자백하라는 것이었다. 삼사일 동안 심문을 받다가 신주쿠 경찰서로 이송되었다. 그 후 약 40여 일의 구류를 마치고서야 석방되었다. 경찰서에서 풀려나와 보니 우리나라 경향 각지에서는 독립 만세를 부르고 많은 사람이 잡혀 갔다는 소식이 매일같이 들려왔다. 가만히 있을 수 없었다. 우리들은 의거의 사실을 각국에 선전하는 것이 중요하다고 생각했다. 최원순을 본국에 보내 세브란스 병원에 위장 입원하게 하고 암호로써 모든 동태를 연락하였다. 이때 밀사로 여러 차례 내왕한 사람은 여자 유학생 이선행이었다. 그리하여 국내의 모든 사정을 수집하여 중국과 미국에 선전토록 하였는데 당시 중국의 거물 정치가 왕자오밍에게 독립운동의 지원을 부탁한 일도 있었다. 이런 일이 8월 말까지 계속되었다. YMCA 기숙사 나의 방에는 한 달에도 수차례 형사들이 와서 가택 수사를 하였다. 그러나 한 번도 들키지 않았다. 후스마(일본식 미닫이) 틈에 깊숙이 넣어둔 서류 등은 잘 보지 않고 다른 데만 찾다가 가곤 하였기 때문이다. 그해 가을이 되었다. 아무리 일본이 미워도 공부는 여기서 해야겠다는 사람은 그래도 동경에 남아있게 되었다. 기타는 중국 또는 미국으로 가기도 하였으며 혹은 본국에서 일하다가 죽은 이도 있다.

독립운동의 시초

초창기 동경 유학생들은 말이 학생이지 당시 한국으로서는 가장 새로운 지식인이었고 누구나 지사志士나 국사國士의 기개가 있었으므로 민족의 해방과 조국 광복에 대해서도 가장 열렬한 생각을 품고 있었다. 따라서 1918년 제1차 세계대전이 끝나고 윌슨 미국 대통령이 세계 평화를 위하여 민족 자결주의를 제창하자 감수성이 풍부한 유학생들은 재빨리 그에 호응하여 이곳저곳에서 비밀회의를 거듭한 결과, 이때야말로 민족 자결의 호기라고 단정하고 독립 선언서와 함께 민중 봉기의 격문을 만들어서 백관수, 한기악 두 사람을 본국에 파견하니 때는 1919년 2월경의 일이다.

때마침 서울에서는 고종 태황제가 원인 불명의 병으로 갑자기 세상을 떠나니 필시 왜놈들이 독살한 것이라고 하여 인심이 자못 흉흉하였는데, 서울에 도착한 두 사람은 우선 계동 중앙 학교로 가서 현상윤 교장과 상의한 후 천도교의 최린, 기독교의 이상재, 이승훈 등과 더불어 비폭력, 무저항의 독립운동을 전개하기로 결정하고, 시위 행렬을 할 때는 특히 남녀 학생들을 총동원해서 맨 앞에 내세우기로 하였다.

그리하여 1919년 3월 1일 오전 손병희 등 33인은 태화관(인사동에 있었다)에서 독립을 선언하고 그날 정오에는 파고다 공원(지금의 탑골 공원)에서 남녀 학생 수천 명이 모여서 33인이 서명한 독립 선언서를 낭독한 후 일제히 "대한 독립 만세!"를 부르짖으며 시가행진을 하였으니 이것이 역사상 유명한 기미己未 독립운동의 첫 발단이었다.

그러므로 3.1 운동의 이면에는 동경 유학생의 역할이 매우 컸다고 하겠으며 그 후 1922년에는 국민 협회장 민원식이라는 친일파가 소위 참정권 운동을 한다고 동경에 온 것을 조선 유학생 양근환이라는 청년이 "동경역 호텔"에서 칼로 찔러 죽여 동경 유학생이야말로 가장 열렬한 민족주의자였음을 증명하였다.

문화계의 선구자들

동경 유학생 출신들이 우리나라 문화계에 끼친 공적은 이루 헤아릴 수가 없거니와 그중에서도 가장 두드러진 업적을 남긴 사람들을 약간 추려보면 다음과 같다.

육당과 춘원

육당 최남선과 춘원 이광수는 우리나라 신문화 운동의 가장 큰 공로자이니 오늘에 보는 바와 같이 언문일치의 새로운 문장은 그들이 동경 유학 중에 체득한 것이며 춘원은 소설가로서, 육당은 역사가로서 저마다 불멸의 공적을 남겼다.

인촌 김성수

수많은 일본 유학생 중에서도 인촌만큼 이상을 실현한 사람은 없다고 하여도 과언은 아닐 것이다. 그는 전라도 대지주의 아들로 동경 유학생 중에 송진우, 장덕수, 백관수 등 전도유망한 청년들과 친구를 맺어 자기의 학비를 나누어 썼으며 학업을 마치고 귀국하여서는 교육 기관으로 중앙 학교와 보성 전문(지금의 고려 대학교), 언론 기관으로 동아일보 그리고 산업 기관으로 경성방직을 창설하고 운영하여 해방 후에도 한국에서 가장 중요한 기관이 되게 하였다. 그리고 해방이 되자마자 한국민주당(한민당)을 만들어 민족진영의 핵심적 존재가 되었다. 6.25 당시 이시영 선생의 뒤를 이어 제2대 부통령에 취임한 일도 있으며 해방 전후를 통해서 공사 간에 업적을 가장 많이 남긴 이로는 인촌이 으뜸이다.

고하 송진우

고하는 김성수와 가장 가까운 동지로 동경 유학 시절부터 민족운동에 헌신할 결심을 하였으며 3.1 운동이 터져서 비로소 민간 신문을 발행할 수가 있게 되자 김성수, 이상협, 유근, 진학문, 장덕수, 장덕준 등과 더불어 동아일보를 창간하여 한국 최대의 신문으로 발전시켰으며 해방 후에는 김성수와 함께 한국민주당을 결성하여 공산당에 대항하였다. 그가 만일 암살되지 않았더라면 한국의 정계는 좀 더 달라졌을 지도 모른다.

소파 방정환

소파는 천도교주 손병희 선생의 사위로 동경 유학 중 소년 문학 운동에 크나큰 자극을 받고 일본어로 번역된 안데르센 동화를 읽고 천대 받는 한국의 어린이들을 위하여 일생을 바칠 결심을 하였다. "소파"라는 아호도 당시 일본의 대표적 동화 작가인 이와야 사사나미岩谷小波의 소파小波에서 가져온 것이며 "어린이"라는 말도 그가 처음으로 쓴 것이다. 그리하여 한국의 어린이 운동은 20대의 청년학도 소파에 의해서 비로소 그 토대가 이루어졌다.

춘강 박승희

춘강은 한국의 초대 주미 공사 박정양의 막내아들로 메이지 학원 재학 중에 신극 운동에 눈을 떠서 김복진, 김기진 형제와 더불어 〈토월회〉를 조직하였다. 그리하여 토월회는 한국 신극 운동의 원조가 된 것이다. 1923년의 일인데, 그 후 1930년에는 역시 일본 유학 중인 유치진 등 소위 해외 문학파가 〈극예술 연구회〉를 만들어서 토월회와 함께 많은 공적을 남겼다.

1910년 한일합병 이후 현철, 윤백남, 조일재, 이기세 등이 일본의 가부키와 신파 연극에서 배운 것이 많았고 곧이어 임성구, 김도산, 김소랑 등의 신파 배우가 속출하였으며 20년대에는 시마무라의 예술좌와 오사나이의 스키지 소극장의 영향으로 감수성이 풍부한 청년학도들이 최초의 유학 목적과는 달리 연극 운동에 발 벗고 나서게 되었다.

횡보 염상섭

한국의 새로운 문학 운동은 신소설 〈치악산〉을 쓴 이인직으로부터 최남선, 이광수를 거쳐서 수많은 동경 유학생에 의해서 활발하게 전개된바 〈표본실의 청개구리〉, 〈삼대〉 등의 명작을 남긴 횡보도 그 중 한 사람이다. 김동인, 현진건, 나도향, 민우보, 이광수, 주요한, 김팔봉, 이무형, 마해송, 방정환을 비롯하여 해방 전의 조선 문단은 거의 대개가 일본 유학을 경험한 작가들로 이루어졌다. 이것은 문단뿐만 아니라 학술, 음악, 연극, 영화, 무용 등 다른 부문에 대해서도 똑같이 말할 수 있다.

고학생

당시 한국의 형편은 어떠하였던가? 탄압과 간계로 한일합방에 성공한 일제는 모든 것을 영국이 인도에서 한 바를 본받아서 한국 착취에 몰두하였으니 맨 먼저 동양 척식 주식회사를 창설한 것도 알고 보면 영국의 동인도 회사를 모방해서 만든 것이었다.

그리하여 거대한 자본과 국가 권력을 배경 삼아 동양 척식 주식회사를 통해서 토지를 수탈하여 한국인의 대지주는 중농으로, 중농은 소작인으로 전락시켰으며 그 소작인도 필경엔 고향에서 살지를 못하고 남부여대하여 만주나 간도로 유랑하는 신세가 되고 말았다.

자고로 한국인의 민족 자본이란 토지밖에 없었는데 그 토지마저 빼앗기니 가난한 농촌에서는 여간해서 자녀를 학교에 보낼 수 없었으며 하물며 외국 유학과 같은 것은 꿈에도 생각할 수가 없었다. 그러므로 과거의 일본 유학생들은 거의 대개가 고학생이라고 하여도 과언이 아니며 헐벗고 굶주리면서도 무엇이고 배우고서야 고국으로 가겠다는 그들의 열의는 지금 생각하여도 눈물겨운 바가 있었다.

나는 1920년 초에 동경 유학을 떠났는데 당시 유학생의 학비는 한 달에 보통 50원이 필요하였다. 하숙비 20원, 수업료 10원, 도서비 10원, 기타 잡비 10원이 그 내역인데 자기 집에서 꼬박꼬박 학비를 가져다가 쓰는 사람은 몰라도 고학생들은 그만한 돈을 벌 수 없었으므로 하숙은 할 생각도 못하고 몇 사람이 공동으로 방 하나를 얻어서 자취 생활을 하였으며 학교도 시간과 돈이 없으므로 권위 있는 곳에는 들어가지 못하고 흔히 세이소쿠 영어 학교나 겐슈학관에서 영어와 수학을 배우는 것이 고작이었다.

고학생의 직업은 신문이나 우유 배달이 대부분이었고 인삼 봉지를 들고 집집마다 가정방문을 하는 사람도 많았다. 그리고 일정한 직업이 없이 자유노동을 해가며 공부를 한 학생도 적지 않았으니 지금도 동경역 앞에 우뚝 서 있는 "마루비루"의 커다란 빌딩도 지을 때에는 수많은 조선 고학생들이 비지땀을 흘려가며 노동을 하였다. 그러므로 동경의 이곳저곳에는 지금도 조선 유학생들의 땀의 자취가 있다고 하여도 그리 과언은 아닐 것이다.

일본 육군 사관 학교

해방 전의 한국 유학생은 극소수가 관립 제국 대학에 입학했을 뿐이고 대부분은 와세다, 메이지, 쥬오, 니혼, 게이오 등의 각 사립 대학에 통학했는데 가장 이채로웠던 것은 일본 육군 사관 학교에도 조선인 유학생이 있었다는 사실이다. 일본 육군 사관 학교와 한국과의 관계는 갑신정변을 앞두고 약간 명의 청년이 특별 유학생의 자격으로 입학한 것이 시초이며 유년 학교로부터 육군 대학에 진학한 것은 영친왕과 제2차 세계대전 후 마닐라에서 전범으로 사형을 당한 홍사익 중장이 처음이었다.

그리하여 왕공족으로는 이건 공과 이우 공이 민간인으로는 이갑, 이응준, 엄주명, 유승렬, 김석원, 신태영, 신응균, 채병덕, 이종찬, 김정렬, 유재흥, 유동열, 노백린 등의 수많은 장성이 배출되었다. 그 중 이갑은 러일 전쟁 때 육군 소위였는데 만주로 출동하고자 서울에 주둔 중 일찍이 평양 감사 시대에 자기 집 토지를 빼앗아 간 민모 대감의 집을 부하인 일본 군인을 풀어서 포위하여 옛날에 빼앗겼던 땅문서를 도로 찾았다는 일화가 있으며 이우 공은 해방되던 해에 육군 중좌였는데 히로시마에서 원자 폭탄으로 세상을 떠나 일반의 동정을 끌었다. 그리고 홍사익 중장은 민간인으로서는 최초로 육군 대학 출신자인데 일본이 패전할 때 마닐라 포로수용소의 소장으로 있었던 죄로 전범으로 몰려서 교수형을 당했다. 홍사익 중장은 일본인으로도 좀처럼 들어가기 어려운 육군 대학을 나온 만큼 머리가 명석하고 군인으로서의 지식도 풍부하여 장래를 크게 촉망받던 사람인데, 도쿄 일본 수상이 혹시 조선에서 반란이 일어나면 그가 군사적 지도자가 될 것을 두려워하여 일부러 멀리 필리핀으로 쫓아서 포로수용소장에 임명한 것이라고 한다.

이상과 같이 일본 육군 사관 학교를 나온 청년 사관들은 해방 후 국군의 기간이 되어 국토방위에 크나큰 공헌을 하였다.

첫 민간 비행사 탄생

조선 사람으로 맨 처음 민간 비행사가 된 사람은 안창남인데 그는 1921년에 서울을 찾아온 미국인 비행사 아트 스미스의 곡예비행을 보고 크나큰 자극을 받고 동경 유학을 하여 3등 비행사가 된 후 처음으로 고국 방문 비행을 하였다.

한국 사람으로 처음으로 비행을 할 만큼 당시 안창남의 인기란 굉장하였으며 동아일보사에서 주최한 명월관의 환영연에서는 기생들이 화장실까지 안창남을 뒤따라 와서 억지로 키스를 했다는 이야기까지 있었다. 그뿐 아니라,

"떴다 보아라 안창남이요, 굽어보니 엄복동이라"

는 속요까지 유행했으니 엄복동은 당시 가장 유명하던 자전거 경주 선수였다. 안창남 비행사가 아트 스미스의 영향으로 비행사가 될 결심을 한 것과 같이 안창남 비행사의 출현은 또 수많은 청년들을 자

극하여 민간 비행사를 속속 탄생시켰다. 이기연, 서일보, 장덕창, 서웅성, 윤창현, 신용욱, 김광한과 여류 비행사인 이정희, 박경원 등은 모두 안창남의 영향으로 비행사가 된 사람들이다. 안창남 비행사는 민족 사상이 투철하여 독립운동의 한 방법으로 중국으로 건너가서 산시성 군벌 염석산의 공군 고문으로 활약하다가 불행하게도 비행기 사고로 세상을 떠나고 말았는데 산시성의 수도 타이위안에는 오랫동안 그의 묘비가 있었다고 한다.

위에 말한 두 사람의 여류 비행사 중 박경원은 그의 고향 대구로 향토 방문 비행을 하던 중 동경–하코네 상공에서 추락 참사하였고 이정희는 서울에 있다가 6.25 동란 때 이북으로 납치되었다.

해방 전에 한국 사람으로 민간 비행사가 되려면 동경이나 오사카의 민간 비행 학교에 입학해서 수년간 공부를 한 후 수십 시간 이상의 비행을 해야만 비로소 3등 비행사의 자격을 얻는 법인데, 그렇게 하자면 학비가 상당히 있어야 하므로 여간해서는 비행사 되기 어려웠다. 그렇건만 공장의 한 직공으로서 고학을 해가며 1등 비행사가 된 사람이 있으니 그는 김광한 비행사이다.

그는 일본 유학을 왔으나 돈이 없어서 학교에는 들어갈 생각도 못하고 비행기 정비 공장에서 부속품을 만드는 일부터 시작해서 비행기를 수선하고 조종하는 기술을 배워서 마침내는 1등 정비사가 된 사람인데 처음부터 비행기 부속품을 다룬 만큼 비행 학교를 졸업한 사람보다도 비행 기술은 오히려 더 탁월하였고 한다.

그뿐 아니라 그는 글라이더에도 소질이 있어 1937년 당시 글라이더의 세계 체공 기록은 독일인이 작성한 70시간이 최고로, 일본인은 겨우 10시간밖에 타지를 못한 것을 그는 오사카 이코마산 위에서 글라이더를 타고 공중에 뜬 후 체공 시간이 111시간 40분이라는 놀라운 기록을 작성해서 당시 일본의 각 신문에는 일본에서도 신기록이 나왔다고 크게 보도되었다. 해방 후 김광한 비행사는 육군 비행 대위로 6.25 전쟁 때 눈부신 활약을 하여 미국 정부와 이승만 대통령으로부터 유공 훈장을 받았으며 은퇴 후 미국에 가서 살았다.

스포츠계의 스타들

해방 후에도 일본에는 각 방면에 한국 출신의 유명한 선수가 많이 활약하였다. 한 예를 들면 프로야구의 장훈(하리모토) 선수, 가네다 투수, 권투의 한기철高山一夫 선수, 프로레슬링의 역도산 등인데 해방 전 일제 강점기에는 한국인 선수의 활약이 더욱 활발하였다.

1920년경에 박석윤은 교토 제3고등학교의 명투수로 활약하였고 연학년은 동경 코우시요우高商의 정구 선수로 유명하였다. 이상백은 와세다 대학의 농구 선수로 일본 체육회 이사까지 된 사람인데 처음으로 농구에 관한 책을 내서 일본 농구계의 권위가 되었다. 1936년 베를린 올림픽에는 일본 대표단의 한 사람으로 파견되었는데, 그때 일본 선수단에는 마라톤에서 우승한 손기정 선수를 비롯하여 남승룡, 장이진, 이성구, 염이현, 김용식 등 여러 종목에 유명 선수가 참가하여 크게 활약하였다.

권투계에도 유명한 선수가 많았으니 센슈 대학의 성의경, 메이지 대학의 황을수가 가장 유명하였고 프로권투에는 서정권, 현해남이 인기가 있었다. 그중 서정권은 전남 순천의 대지주의 아들로 메이지 대학을 나온 후 프로로 전향하여 일본서 처음으로 밴텀급 세계 6위에 등록된 선수였다. 그가 미국에 원정 갔을 때 일본 각 신문에 매일같이 그의 이름이 났으며 일본 권투계는 아마추어나 프로를 가릴 것 없이 일시 한국 선수가 완전히 정복했다고 해도 과언이 아니었다. 스피드 스케이팅 선수에는 메이지 대학의 김정연 선수가 유명하여 올림픽 선수가 되었고 육상 경기에는 역시 메이지 대학의 권태하, 센슈 대학의 김도진, 김혁진 형제 선수가 유명하였다.

그 외에도 일본의 각 대학에는 유명 무명의 한국인 선수가 많았는데, 식민지 시대에 특히 한국인 선수가 많이 나와서 일본의 스포츠계를 석권했다는 사실은 두말할 것도 없이 다른 방면에서는 모든 것에 차별 대우를 받고 사람 노릇을 못하였지만 유독 운동 경기만은 실력대로 능히 일대일로 승부를 가릴 수가 있기 때문이었다.

'피는 물보다 진하다'는 말과 같이 태평양 전쟁 말기 소위 내선일체와 황민화 운동이 한창일 때에도 조선인과 일본인이 대항 경기를 할 때에는 어느 틈에 장내가 양분되어 일본인은 일본인을 조선인은 조선인을 열렬히 응원하여 공기가 매우 험악해졌다. 그중에도 주먹으로 직접 때리고 치는 권투 경기에서는 더욱 공기가 살벌해져서 민족 감정이 노골적으로 폭발되었으므로 조선 총독부에서는 필경 한일 양국인 간의 권투 경기는 거행하지 못하게 했다.

Love Is Best

해방 전 일본과 조선과의 관계는 지배와 피지배의 상태에 있었다. 따라서 일본과 일본인에 대한 증오심은 어느 나라 사람보다도 강했으며 진정한 민족주의자라면 누구나 일제의 패망과 조국의 해방을 염원하였다. 그 반면 개인 대 개인의 관계는 민족과 국경을 초월하여 좋은 사제로 또는 좋은 친구로서 아름다운 인연을 맺은 사람도 적지 않았으니 특히 한국의 선구자들과 일본 문화인과의 관계는 은혜와 원수를 넘어 직접 간접으로 친교가 오래 계속 되었다.

사제 간으로는 기쿠치 칸과 마해송, 기타하라 하쿠슈와 김소운, 가코 다케오와 이무영이 가장 유명하였으며 간접적으로 가장 관계가 깊은 이로는 이와야 사사나미(동화 작가)로 말미암아 방소파(정환)가 생기고 야나기 무네요시(민속학자)로 말미암아 송석하가 나오고 시가 기요시 박사(세균학자)의 문하에서 윤일선 박사가 탄생한 것 등이다.

그뿐 아니라 문학을 비롯하여 미술이나 음악이나 영화나 연극은 물론 심지어 공산주의와 구정부주의까지도 일본에서 들어왔으며 그 중에서 걸작은 근대 연애 사상까지도 일본의 영향을 많이 받았다는 사실이다. 1920년경에 쿠리야가와 박사가 〈근대의 연애관〉이라는 저서를 내고 "Love Is Best"라고 연애지상주의를 예찬하여 오랫동안 베스트셀러가 되었다. 일본의 젊은이들이 그에 도취되었음은 물론 한국의 유학생들도 그에 도취되어 '인생은 청춘, 시절은 5월'이라는 그때의 유행가를 구가하게 되었으며, 낮에는 일하고 밤에만 학교에 다니는 고학생 가운데에는 '랑데뷰'를 할 시간과 돈이 없음을 한탄하여 '사랑 돈, 돈 사랑, 나는 울고야 말았다.'라는 서글픈 노래까지 읊은 사람도 있었다.

한국은 예로부터 유교의 나라여서 '남녀칠세부동석'을 철칙으로 알아왔으므로 춘향이와 이도령의 이야기 이외에는 자유연애란 있을 수 없었다. 인생의 가장 중요한 혼인도 다만 부모의 명령으로 중매결혼을 했을 뿐, 규중의 처녀는 말할 것도 없고 가정의 주부도 외간 남자와는 서로 쳐다보고 이야기를 하지 못했었다. 그러던 것이 수많은 청춘 남녀가 일본으로 유학을 가게 되고 일본인의 훨씬 자유스러운 남녀 관계를 보게 되자 연애지상주의 사상이 들판의 불과 같이 한국으로 전파되어 부자유했던 과거의 반동으로 연애가 무엇인지도 모르면서 덮어놓고 연애를 하는 사람이 속출했다.

일본 유학생은 국내 사람들보다 훨씬 자유스럽게 연애할 수 있었으며 조선에서 건너간 여자 유학생과 연애를 한 것은 물론이요, 일본 여성을 애인으로 삼은 사람도 적지 않았다. 그 후 대구 부호의 아들 장병천과 평양 기생 강명화가 사랑해서 함께 자살을 한 것이나 목포 부호의 아들 김수산과 소프라노 윤심덕이 현해탄에서 투신자살을 한 것도 따지고 보면 '러브 이즈 베스트'의 영향이며 한국인이 사랑 때문에 자살을 할 줄 알게 된 것도 일본 유학 중에 보고 배운 것이라고 하겠으니 유학의 혜택도 가지가지라 할 것이다.

동경 유학의 여파

지금은 그렇지도 않지만 적어도 1920년경까지만 해도 조혼이 장려되었다. 그리하여 열 살이 조금 지난 소년 소녀들이 신랑 신부가 되는 수가 많았는데, 그것은 본인들의 행복보다도 부모들이 재미를 보기 위한 것이며 그와 함께 남의 집 딸자식을 며느리라는 이름으로 데려다가 어려서부터 그저 부려먹으려는 생각에서 나온 것이었다.

그러므로 나이 어린 신랑들은 장가를 간다고 하면 아내를 맞이한다는 것보다도 비단옷에 좋은 음식을 먹는 것으로만 알고 기뻐하였으며 첫날밤에 오줌을 싸서 신부를 놀라게 하고 나이 어린 신랑이 개천을 건너는데 손위 신부가 업어서 건너다 주었다는 우스운 이야기도 있었다.

그와 같이 부부란 다만 말뿐이요, 한낱 어린 아이의 소꿉장난과 같이 어리광만 부려오다가 차차 나이가 들고 신학문을 공부하여 '러브 이즈 베스트'니 '자유결혼'이니 하는 말을 알게 되자 그때의 남성들은 무슨 새로운 발견이나 한 듯 덮어놓고 사랑을 하기에 이르렀다. 그 결과, 잘났든 못났든 좋든 싫든 지금까지의 아내는 자기가 선택한 것이 아니고 부모가 강제로 결혼을 시킨 것이므로 진정한 아내가 아니라는 해석에서 자식을 몇씩 둔 사람까지 이혼을 주장하였다.

따라서 당시 남성들의 신여성에 대한 동경이란 이만저만한 것이 아니었으니 길가에서 양장에 하이힐을 신은 신여성을 보게 되면 덮어놓고 그 뒤를 따라갔으며, 오직 신여성을 보기 위해서 일요일마다 예배당에 다니는 사람도 있었다. 그와 같은 시대였으므로 자기 집에는 꽃 같은 아내가 있건만 그것은 구여성이라서 싫고 신여성이라고 하면 그 사람이 비록 곰보나 언청이라도 어떻게 하면 한번 교제를 해볼까하고 애를 태우는 경우도 많았다.

그러나 남녀 간의 교제가 극히 어려웠던 시대였으므로 국내에서는 도무지 어떻게 할 수가 없었지만 일본 유학생들은 사정이 훨씬 달랐다. 본국을 떠나서 멀리 해외에 와있는 만큼 남녀 유학생 사이의 교제가 극히 자유스러웠을 뿐만 아니라 일본 여성과의 교제도 용이하였으므로 얼마든지 연애를 할 수가 있었다.

따라서 동경 유학생들은 때마침 유행한 로맨티시즘(낭만주의)에 도취하여 본국에서 온 여학생이나 일본 여성과 연애를 하는 사람이 많았으며 그럼으로써 일본 유학은 공부를 하러 가는 것이 아니라 연애를 하기 위해 가는 유학游學이라는 말까지 있었다.

그 반면 가장 큰 피해는 그 시대에 이미 결혼을 한 구여성들에게 돌아갔다. 지금까지는 아무 말도 없던 남편들이 일본 유학을 가기만 하면 거의 대개 연애지상과 자유결혼을 부르짖으며 이혼을 주장하여 갑자기 파경지탄을 당하기 때문이었다.

확실한 통계는 모르지만 공교롭게도 그러한 시대에 세상에 태어나서 부모가 시키는 대로 시집을 갔다가 아무 죄도 없이 억울하게 이혼을 당해서 일생을 생과부로 지낸 구여성의 수효는 적어도 수만 명은 될 것이다. 이 과도기의 희생자들은 참으로 가엾기 짝이 없으며 동정을 금할 수가 없었다.

3월 1일의 감격

내가 어렸을 때에는 초등학교를 보통학교, 중학교를 고등 보통학교라고 하였는데 나는 서울에 있는 교동 국립 보통학교를 졸업하고 사립 양정 고등 보통학교를 다녔다. 1919년 3월 1일이었다. 나는 당시 양정고보 2학년생이었는데 그해 1월 21일에는 고종 황제가 원인 불명의 병으로 갑자기 세상을 떠나고 3월 3일에는 국장을 거행하게 되었기 때문에 임금의 장례를 구경하려고 백립(임금이 세상을 떠나면 조문하는 뜻으로 쓰는 흰 갓)을 쓴 사람들이 전국 각지에서 구름같이 모여들어 서울 장안의 공기가 매우 소란하였다. 고종 임금은 가장 어려운 때에 임금이 되어서 나라를 결국 일본에게 빼앗기기는 하였으나 국권을 다시 회복하려고 끝끝내 일본에 항거하다가 마침내는 식혜에 넣은 독약으로 비명횡사를 했다는 말이 있어 그 때의 민중들은 마치 자기 아버지가 세상을 떠난 듯 슬퍼하였으며 망국의 통한을 이 기회에 마음껏 풀어보고자 하였다. 그리하여 고종 황제가 거처하던 덕수궁의 대한문 앞에는 이른 아침부터 밤늦게까지 망곡하는 사람들로 인산인해를 이루어 울음소리가 그칠 새가 없었다.

그날도 나는 덕수궁 앞을 지나면서 나도 모르게 눈물을 흘렸는데 학교에 당도하니 고스기 학감이 조회 시간에 나와서 "오늘은 공기가 자못 소란하니 학교가 파하더라도 집에 가지 말고 무슨 말이 있을 때까지 그대로 학교에 남아있어라"고 하면서 수위를 시켜서 학교 정문을 잠그게 하는 것이 어쩐지 마음이 불안하였다. 그러나 오전 중에는 아무 일도 없어서 그 이유를 잘 몰랐었는데 점심시간이 지나자마자 어디서인지 많은 사람들의 고함소리가 들려오고 선생들이 우왕좌왕하는 것이 분명히 무슨 일이 생긴 모양이었다. 그렇지 않아도 신경과민이 된 때이라 생도들은 선생의 제지도 듣지 않고 일제히 학교 뒤에 있는 높은 언덕으로 올라갔다. 그 언덕은 이전에는 공동묘지인 듯 아직도 군데군데 무덤이 있었는데 그곳에만 올라가면 서울 장안이 환하게 내려다 보였다. 그러므로 우리들은 점심시간만 되면 흔히 뒷동산에 올라가서 뒹굴었는데 바로 눈 아래에 보이는 대한문 앞에는 이루 그 수효를 헤아릴 수 없을 만큼 많은 군중들로 꽉 찼으며 그 사이를 헤치고 남녀 학생들이 태극기를 들고 행진하는 광경이 눈에 들어왔다. 바람을 타고 들려오는 소리를 들으니 분명히 "대한 독립 만세!"이다. 그 소리를 듣자 우리들은 마치 오래 기다리던 소리를 처음으로 듣는 듯 일제히 박수를 쳤으며, 그러고는 만세를 불렀다. 선생들이 한사코 말리는 것을 뿌리치고 담을 넘어서 큰 길거리로 나오니 금세 독립이나 된 것처럼 사람마다 희색이 만면하였으며 이발소에서 머리를 깎고 있던 사람이 학생들의 시위 행렬을 보고 머리를 반쯤 깎다 말고 거리로 뛰어나와 무슨 영문인지도 모르면서 "나도 만세!" 하고 덩달아서 만세를 부르는 광경이 우습기 짝이 없었다.

나의 일본 유학기

그와 같이 3.1 독립운동으로 모든 학교는 폐쇄되었으며 많은 학생이 검거되었다. 나는 나이가 어렸기 때문에 다만 만세만 불렀을 뿐 아무것도 한 일이 없었으므로 다행히 경찰에는 잡혀가지 않았으나 그때 풍조로 학교에는 다시 안 가려는 듯이 교모는 찢어 없애고 다른 학생들과 같이 캡(일본어로 도리우치 모자)을 사서 쓰고는 온종일 거리를 쏘질러 다녔다.

그때에 3.1 운동에 가담했다고 해서 학교에서 퇴학을 당했거나 자진해서 학교를 그만둔 학생도 적지 않았지만 학교에 그대로 남아 있는 학생들도 공부를 계속할 생각은 전혀 없었다. 나도 공연히 마음이 들떠서 빈둥빈둥 놀고 있었는데, 하루는 심복섭이라는 사람이 찾아왔다. 그는 연희 전문학교 수물과에 다니는 연상의 친구인데 키는 작지만 머리가 좋아서 수재로 이름이 있는 사람이었다. 그는 나를 보자마자 이렇게 놀고만 있을 것이 아니라 이왕이면 동경으로 유학을 가자고 권하였다. 나는 그가 집안이 어려워서 월사금도 잘 내지 못하는 것을 잘 알고 있었으므로 일본으로 가면 대체 어떻게 공부를 하겠느냐고 물었더니 그는 동경에만 가면 얼마든지 고학을 할 수가 있다고 하며 지금까지 고학을 해서 성공한 사람들의 이름까지 들었다. 그의 말이 아니라도 해마다 여름 방학이 되면 동경 유학생들이 고국으로 돌아와서 강연회도 하고 운동 경기를 했는데 그럴 때마다 금단추가 달린 검은 색 세루(서지serge) 학생복에 맥고모를 쓴 그들의 멋진 모습이 어찌나 부러운지 모르던 때라 나도 귀가 솔깃해서 '그러면 동경으로 나가볼까?' 하는 생각이 들었다. 그리하여 심복섭의 말대로 비밀리에 일본으로 유학을 갈 준비를 하게 되었다.

그때에 일본으로 유학을 가자면 가장 어려운 문제가 두 가지 있었으니 하나는 여비를 만드는 일이고, 또 하나는 경찰서의 도항증명서를 얻는 일이었다. 여비는 어머님을 졸라서라도 마련한다고 하지만 도항증명서를 얻는 데서 전혀 자신이 없었다.

한일합방으로 일본과 한국은 형식상 한 나라가 되었지만 일본의 식민지 정책으로 일본 사람은 마음대로 조선에 올 수가 있지만 조선인이 일본에 가는 데는 여러 가지 조사를 거쳐야만 되므로 여간 까다로운 것이 아니었다. 더구나 학생이 일본 유학을 가자면 첫째 부모의 승낙이 있어야 되는데 아버님께서는 말씀을 여쭌대도 "중학교도 거치지 않고 일본 유학이 다 무엇이냐?"고 단번에 꾸중을 하실 것이 뻔하므로 그 점이 가장 큰 난관이었다. 그러나 한 가지 다행스러운 것은 그때 우리 집은 시골로 낙향을 하고 나는 서울에 있는 일가 집에 하숙을 하고 있었으므로 종로 경찰서에 도항증명원를 낸 후 아무것도 모르는 일가 집 아주머니를 졸라서 경찰서에서 조사를 하러 형사가 오거든 나의 어머니인 것 같이 대하고 일본 유학은 이미 허락한 터라고만 말하라고 미리 짜두었다. 그랬더니 그 계교가 잘 들어맞아서 도항증명서는 생각한 것보다 쉽사리 얻게 되었으며 나는 그길로 여비를 장만하러 시골집으로 내려갔다.

아버님께는 감히 말을 꺼내지도 못하고 어머니를 졸라 보았으나 어머님 역시 일본 유학에는 찬성하지 않았다. 얼마 안 있으면 학교가 다시 시작될 텐데 무엇이 급해서 일본에 유학을 가며 첫째 불안해서 멀리 일본으로는 보낼 수가 없다는 것이 어머니가 반대하시는 이유였다. 그러나 이제 와서 단념할 수는 없었으므로 나는 불효를 각오하고 어느 날 밤에 몰래 어머님의 장롱에서 10원짜리 지전 열 장을 꺼내가지고 서울로 올라왔다.

지금은 흔히 비행기를 이용하지만 그 시대에 동경으로 가자면 서울에서 기차를 타고 부산까지 가서 부산–시모노세키 간 연락선을 이용하고 시모노세키에서 다시 기차로 동경까지 가는 것이 보통인데 여객 운임은 서울에서 동경까지 3등으로 16원 가량이었다.

나는 집에서 가지고 온 백 원으로 심복섭의 차표까지 사주고 두 사람이 함께 경성역으로 떠났다. 나는 생후 처음으로 외국으로 가게 된 것만 기뻐서 아무 걱정도 하지 않고 그저 물끄러미 창밖으로 지나가는 풍경만 내다보고 있었는데 기차가 수원쯤 오니까 형사인 듯한 사람이 들어와서 도항증명서를 보자고 하면서 여러 가지를 캐어물었다. 말하자면 동경에는 무엇을 하러 가며 3.1 운동 때는 어떻게 지냈는지 등의 질문이었다. 그뿐 아니라 부산에서 연락선을 타려고 할 때에 한 번, 연락선 속에서 한 번, 시모노세키에서 기차를 타려고 할 때에도 또 한 번을 이동 경찰의 심문을 받고나니 나는 어린 마음에도 조선 사람이라는 것은 한 번 집에서 나오기만 하면 형사가 줄줄 뒤를 따라다니기 마련이라는 생각을 깊이 하였다.

제일 불쾌하고 분한 것은 기차를 탈 때나 연락선을 탈 때나 조금이라도 먼저 가서 자리를 잡으려고 줄달음질을 칠 때에 중간에서 미리 대기하고 있던 형사들이 마치 족집게로 털을 뽑아내듯 조선 사람만 꼭꼭 찾아내서 10분이고 20분이고 붙들고 승강이를 하여 나중에 가보면 좌석이라는 좌석은 이미 일본 사람들이 다 차지를 해서 앉을 자리가 없었다. 나는 태어나서 처음으로 나라가 없는 비애를 느끼고 마음이 무거웠다.

가시마 아리 (셋방 있음)

시모노세키에서 동경으로 가는 열차 속에서 또 한 번 이동 경찰의 조사를 받은 후 우리들은 무사히 동경에 도착하였다. 서울을 떠난 지 꼬박 이틀 만에 동경에 온 것이다. 심복섭과 나는 아무도 아는 사람이 없었으므로 우선 학생들의 중심지인 간다로 가서 여관을 잡았는데 숙박료를 내고 하룻밤을 자고 나니까 벌써 형사가 찾아왔다. 이것은 나중에 안 일이지만 그때의 조선인은 누구나 요시찰인要視察人이어서 어디를 가나 소관 경찰서에서 감시를 하였다. 그러므로 소관 경찰서가 달라질 때마다 릴레이식으로 인계를 해서 번번이 새로운 형사가 오는 것으로 그 때문에 아무것도 모르는 일본 시민들은 형사가 줄줄 따라다니는 것을 보고 한국인(그때는 조선인)이라고 하면 무슨 범죄자처럼 이상한 눈으로 보았다.

어쨌든 심복섭과 나는 오래 여관에 묵다가는 여비가 다 없어지겠으므로 셋방을 얻어서 자취를 하기로 하였는데 그 셋방을 얻는다는 것이 이만저만한 일이 아니었다. 거리에 나가보면 이곳저곳에 '가시마 아리(셋방 있음)'라는 종이가 붙어 있었지만 정작 그 집을 찾아가 보면 번번이 거절을 당하였다. 하루는 전신주에 '가시마 아리'라는 종이가 붙은 것을 보고 반가워서 그 집을 찾아가 보니 주부인 듯한 중년의 부인이 나오는데 셋방이 있느냐고 물었더니

"오쿠니와 도찌라데쓰카(고향은 어디십니까?)"라고 묻는다. 그래서 "조선이오."라고 했더니 그 여자는 매우 난처한 듯 괴로운 표정을 지으면서 "아 실례했습니다. 실상인즉 아까 벌써 선약을 한 사람이 있어서 안 되겠습니다."라고 한다. 또 한군데를 갔더니 주인과 의논을 해보아야겠다고 하고 또 한군데는 정직하게 방이 있기는 한데 조선 사람에게는 빌려주지 않기로 했다고 거절하였다. 문을 드르르 열고 들어갔다가 거절을 당하고 다시 나올 때의 심정이란 뒤통수가 부끄러울 지경이었다.

내가 유학했을 당시에는 동경도의 인구가 3백만도 되지 못했으며 동경시도 쇼센(국철선)을 중심으로 국한되어 지금의 이케부쿠로와 같은 번화가도 잡초가 무성한 황무지였다.

그리고 학생들은 동경제대가 있는 홍고에서 도요 대학이 있는 하쿠산을 거쳐서 쥬오 대학, 메이지 대학, 니혼 대학, 센슈 대학 등이 있는 간다에 모여 있었으며 와세다 대학의 도쓰가와 게이오의숙의

미다에도 학생들이 많았다. 심복섭과 나는 동경에 온지 일주일 만에 간신히 고이시카와구(지금의 분쿄구) 고기쵸 13번지 노구치라는 사람의 집에 6조방을 하나 얻었는데 방세는 한 달에 6원이었다.

그 집 주인은 집안에 암실을 차려놓고 사진을 현상해서 생활을 하는 사람으로 어디서 도급을 맡아오는지 날마다 밤을 세워가며 수천 장씩 남녀 배우들의 프로마이드(사진엽서)를 만들어 내는데 서모라는 우리나라 고학생이 그 집에 묵으면서 조수로 있다는 것을 알았다. 이것은 훨씬 나중의 일이지만 서모는 바로 나의 이웃 방에 있었으므로 자주 왕래를 하였는데 하루는 그의 방에 놀러갔더니 머리를 귀밑까지 길게 기르고 말은 좀 더듬으나 얼굴이 청수하게 생긴 사람이 하나 앉아 있었다. 서 씨의 말을 빌리면 그는 아나키스트(무정부주의자) 박열이었으며 그때 박열은 〈불령선인不逞鮮人〉이라는 잡지를 발행하고 있어 일본 경찰의 감시를 받고 있었다. 내가 아나키스트를 알게 된 것은 그때가 처음이며 그의 권유로 무정부주의자의 강연회에 갔다가 경찰에 검속된 일도 있었다.

심복섭과 나는 가지고 온 돈도 다 없어졌으므로 무엇이고 일을 하지 않으면 안 되었다. 그리하여 심복섭은 저녁때만 되면 리어카에 우동 국수를 싣고 피리를 불고 다녔으며 나는 인삼 장사를 하는 개성 학생에게서 인삼을 얻어가지고 행상을 하게 되었다.

고이시카와구 고기쵸는 하쿠산과 고라쿠엔의 중간에 있는 주택

가였는데, 내가 살고 있는 곳에서 행상을 할 수는 없으므로 나는 되도록 멀리 떨어져 있는 부유한 가정을 찾아다니면서 인삼봉지를 내밀었다. 그러나 인삼은 값이 비싸기도 하지만 조선의 고학생이란 말만 들어도 열었던 문을 도로 닫아버리므로 나의 인삼 장사는 완전히 실패하고 말았다.

그리하여 신문에서 구인 광고를 보고 간다에 있는 어떤 제과 공장에 취직하였는데 그곳은 아이스크림에 얹어먹는 웨하스라는 과자를 만드는 조그마한 가족 공장이었다. 종업원이라고는 주인 내외와 아들과 딸 그리고 몇 사람의 고학생이 있을 뿐인데 내가 맡은 일은 주인 내외가 만들어 놓은 과자를 양철통 속에 넣는 일이었다. 그리고 임금은 한 시간에 10전이므로 오후 5시부터 10시까지 다섯 시간 일을 하면 하루 50전을 받는 셈이었다. 그러므로 하루도 빠지지 않고 다녀야만 한 달에 15원을 벌게 되는데 물가가 싼 그 시대라도 그것을 가지고는 도저히 한 달을 살 수가 없었다. 더구나 낮에는 예비학교에 다녔으므로 그 월사금 3원을 내기에도 힘이 들었다. 그래서 심복섭과 나는 진흙으로 만든 풍로와 솥을 사서 숯불로 자취를 하였는데 날마다 보리밥을 지어서 반찬이라고는 아무것도 없이 다만 간장과 단무지로만 끼니를 이어갔다. 우리 집은 그리 부자는 아니었지만 어렸을 때에는 도련님이라고 불리며 귀엽게 자라난 것과는 너무나 판이한 환경이었다. 그래서 그랬던지 과자 공장에 취직한지 몇 달 안 돼서 그만 쓰러지고 말았다. 특별히 아픈 곳은 없건만 도무지 입맛이 없고 오슬오슬 추워서 기운을 차릴 수가 없었다. 지금 생각하면 영양실조였던 모양인데 만리타향에서 병석에 누워있으니 그대로 본국에 있을 걸 괜히 일본에 왔다는 후회와 함께 서글픈 생각을 금할 수가 없었다.

남의 은혜를 알다

심복섭은 그동안 우동 행상을 그만두고 신문 배달부가 되어서 다른 데로 이사를 가고 그 대신 이모라는 학생이 나와 함께 있었다. 이모는 함경도 사람으로 나보다 십년이나 연상이었는데 밤에는 인력거를 끌고 낮에는 잠만 자는 학생이었다. 그는 집안이 가난해서 보통학교도 변변히 졸업을 못했으므로 일본에 와서도 들어갈 만한 학교가 없어서 밤중에 취객을 상대로 인력거를 끌어 겨우 살아가는 가엾은 사람이었다. 그러므로 유학생이란 다만 말뿐이고 순전히 노동자라고 하여도 과언은 아니건만 이모는 그 같은 불우한 처지임에도 불구하고 나를 친동생처럼 사랑하여 인력거를 끌어서 번 돈으로 약도 사다주고 빵도 사주었다.

나는 과자 공장에도 나가지 못하고 돈도 없었던 그때 만일 이모가 없었으면 어찌 되었을지 모른다. 더구나 밤잠도 자지 않고 인력거를 끈 돈으로 나를 도와주었으니 아무나 하기 어려운 일이었다. 나는 생후 처음으로 남의 은혜가 얼마나 고마운 것인가를 뼈저리게 느끼고 소리 없는 울음을 여러 번 삼켰다. 또 한 사람 나중에 시인이 된 파인 김동환은 당시 도요 대학 학생으로 동경역 앞 마루비루의 건축 공사장에서 인부 노릇을 하였는데 품삯으로 얻은 돈으로 역시 나를 도와주었다. 그래서 나는 어린 마음에도 의리와 인정이란 부유한 사람들보다 역경에 있는 불우한 사람에게 더 많다는 것을 깨달았다.

그러나 그들의 도움에는 한도가 있고 나의 건강은 좀처럼 회복이 되지 않으므로 앞으로 어떻게 할까 자나 깨나 걱정을 하는 판에 하루는 뜻밖에 집에서 편지가 왔다. 그리운 어머님의 편지였다. 내용은 거의 반년 동안이나 소식을 몰라서 온 집안 식구가 걱정을 하였는데 이제야 있는 곳을 알게 되어 기쁘다는 것과 아버님께서도 용서를 하셨으니 몸조심하고 공부나 잘하라는 것이었다. 그리고 그동안의 밀린 학비로 우선 2백 원을 보낸다는 것도 덧붙여 있었다. 나는 소리라도 버럭 지르고 싶은 충동을 느꼈다.

토월회와 관동 대지진

나는 동경에 온 후에 너무 염치가 없어 집에는 통 편지를 하지 않았는데 어떻게 나의 주소를 아셨을까? 아무리 생각하여도 모를 일이었다. 그날도 거리에서 밤을 새우고 새벽녘에 돌아온 이 형을 보고 그 이야기를 하였더니 그는 빙그레 웃으면서

"거참 잘 되었군. 김 군도 이제는 고학을 안 하게 되었으니 병이나 어서 나으라고......"

그리고 그는 나의 사정이 하도 딱하므로 나 몰래 집에다 편지를 한 것을 자백하였다. 그 말을 듣고 나는 "에이, 여보 그럴 수가 있단 말이요" 하고 핀잔을 주었지만 마음속으로는 그의 온정이 고마웠다. 어쨌든 나는 이 형의 덕택으로 6개월간의 고학을 면하게 되었으며 그 6개월 동안의 경험은 나의 인생행로에 있어서 금으로도 살 수 없는 가장 귀중한 교훈이 되었으니 첫째, 사람이 살아간다는 것이 얼

마나 어려운 일이며 둘째, 남의 은혜를 고마워할 줄을 알게 된 것만 해도 나에게는 크나큰 수확이었다.

집에서 돈이 와서 이 형에 대해서 약간 은혜를 갚고 일가 어른인 김복진, 김기진 형제분의 소개로 하숙을 간다구 니시키마치 3정목 18번지로 옮겼다. 그 집은 군산에서 농장을 크게 해서 큰 부자가 된 구마모토라는 일본인이 조선의 은혜를 갚는다고 동경 시내 여러 곳에 집을 사서 조선 유학성에게 거저 빌려주는 집인데 후일 거기서 토월회가 탄생하였다.

토월회는 앞서 말한 김복진 형제와 당시 메이지 학원 학생이던 박승희, 동경 고등상업 학생이던 연학년 등이 모여서 처음에는 일주일에 한 번씩 서로의 문학 작품을 발표하던 것인데 그것이 차차 발전되어서 조선 최초의 신극 운동 단체로 변하였다.

나는 가장 연소한 회원으로 토월회에 참가하였는데 때로는 시인 임노월이 여류 시인으로 애인이던 김탄실을 동반하고 와서 총각들의 부러움을 사기도 했다.

토월회는 1923년 여름 방학에 고국 방문 공연을 하기 위해서 서울로 나갔는데 나만은 그동안 밀린 공부를 하느라 그대로 동경에 남아 있었다. 그해 여름은 몹시 더웠는데 그 때문인지 9월 1일 미증유의 대지진으로 동경이 초토화되고 수만 명의 사상자가 발생했다. 그 중에도 억울한 것은 조선의 노동자와 유학생들이었다. 그 분란통에 조선 사람이 우물에 독약을 넣고 집에 방화를 한다는 헛소문이 퍼져서 그 때문에 조선 사람이라고 하면 덮어놓고 치고 찌르고 죽였다.

실상인즉 뜻하지 않은 큰 지진으로 인심이 소란하여 그때 갓 들어온 무정부주의와 공산주의로 말미암아 잘못하다가는 혁명이 일어날 우려가 있으므로 간악한 일제는 민중의 분노를 애꿎은 조선인에게 돌리기 위해서 일부러 '지진을 틈타서 조선인이 불온한 계획을 하고 있다.'는 낭설을 퍼뜨렸다. 무정부주의자로 유명한 오스기와 그 아내와 어린 조카딸이 헌병 대위 아마카스에게 한꺼번에 목이 졸려 죽은 것도 그때의 일이다. 그러나 그 피해가 너무나 참담하므로 처음에는 방관만 하고 있던 경찰도 그저 가만히 있을 수 없었던지 나중에는 눈이 뒤집힌 군중들로부터 보호를 한다고 조선 사람만 보면 강제로 경찰서로 데려다가 수용하였는데 나도 요도바시 경찰서 유치장에서 보호를 받고 있었다. 그래서 경찰서 속은 안전하였지만 경찰서 문 앞에는 수많은 군중이 모여들어 "조선인을 내놔라" 하면서 소리소리 지르는 바람에 언제 어떻게 될지 매우 불안하였다. 그런데 하루는 중화민국 국기가 달린 자동차가 한 대 경찰서 뒷마당에 들어오더니 얼마 만에 경찰서장이 나와서 "여러분 중에 중국 사람은 다 나오시오."라고 하여 백여 명의 피난민 가운데에서 십여 명의 중국인만 뽑아갔다. 나중에 알고 보니 중국인도 조선 사람과 흡사해서 피해를 많이 당하고 여러 곳에서 보호를 받고 있었으므로 중국 공사관에서는 자기 나라 국민은 자기들이 보호를 하겠다고 찾으러 온 것이었다. 그렇지만 우리들 조선 사람은 대체 누가 찾으러 온단 말인가? 발걸음도 경쾌하게 경찰서에서 빠져나가는 중국인들의 뒷모습을 바라보면서 나는 새삼스럽게 나라가 없는 슬픔을 또 한 번 뼈저리게 느끼고 독립은 꼭 해야만 되겠다는 생각을 더욱 깊이 하였다.

여자 유학생의 활약

동경 유학생을 이야기하자면 여자 유학생의 일도 말하지 않을 수 없다.

1919년 3.1 운동은 한국인의 독립정신을 전 세계에 선포하였거니와 그와 함께 우리나라의 모든 신문화는 그때로부터 시작되었으니 향학열이 생겨서 학교마다 문이 미어지고 역사상 처음으로 우리글로 된 소설과 시가 나오고 신문 잡지가 발간되고 영화와 연극 운동이 활발히 일어난 것은 모두 3.1 운동이 그 계기가 되었다. "나는 당신을 사랑합니다."라는 말도 그때부터 유행된 것이니 남녀 간의 새로운 연애도 모두 3.1 운동의 덕택이라고 하지 않을 수 없다.

한국은 오랫동안 유교의 영향을 받아 남녀칠세부동석이라는 말 때문에 여자는 내외를 하여 외간 남자에게는 절대로 얼굴을 보이지 않았으므로 남녀 간의 교제는 거의 불가능하였다. 당시 남녀 간의 관계가 얼마나 부자유했던가를 말하는 것으로 다음과 같은 풍속이 있었다.

가령 누가 어떤 사람의 집을 방문하여 대문 앞에서

"이리 오너라!"

하고 부르면 집안에 있던 주부는 얼굴은 내놓지 않고 대문 밖의 손님과 다음과 같은 문답을 하였다.

"누구시냐고 여쭈어라."

"아무개가 왔다고 여쭈어라."

"왜 그러시느냐고 여쭈어라."

"이러이러한 일로 왔다고 여쭈어라."

"그건 잘 모르겠다고 여쭈어라."

"그러면 언제 돌아오시느냐고 여쭈어 보아라."

"잘 모릅니다라고 여쭈어라."

이와 같이 그들은 주부와 손님 단 두 사람뿐이건만 일부러 3인칭을 써서 남녀가 직접 면담하지 않았다는 형식을 취했다.

그러던 것이 3.1 운동으로 글방에서 한문만 읽던 청년들이 머리를 깎고 학교로 들어가고 집 속에 깊이 파묻혀 있던 여성들이 짧은 치마에 굽 높은 구두를 신고 거리를 활보하게 되니 가뭄의 둑이 일시에 터진 듯 남녀 간의 사이가 갑자기 가까워질 것은 또한 당연한 일이었다.

조혼으로 이루어진 자기들의 결혼은 부모가 강제로 시킨 것이므로 진정한 결혼이 아니라고 이혼을 주장하여 아무 죄도 없는 수많은 여성들이 일시에 생과부가 되었다. 그에 따라 아무리 완고한 집안의 부모라 하더라도 귀여운 딸자식이 장래 만년 처녀나 생과부가 되지 않게 하기 위해서는 앞을 다투어 학교에 보내지 않을 수 없었으니 한국 여성의 새로운 교육은 실로 여기서부터 시작되었다.

그러나 그 시대의 여자 교육 기관이라고는 한 개의 관립 여고(경기)와 이화, 배화, 정신 등 미션(기독교)계통에서 설립한 학교와 숙명, 진명과 같이 이왕가(구왕실)에서 세운 학교밖에는 없었으므로 절대로 그 수효가 부족하였다. 그뿐 아니라 전문학교 이상의 대학이라고는 한군데도 없었으므로 여자로서 고등 교육을 받자면 좋든 싫든 일반 남자 학생들과 마찬가지로 동경으로 가서 유학생 생활을 할 수밖에 없었다. 그 결과로 남자보다는 적으나 일본에서 전문학교나 대학을 나와서 각 방면의 선구자적 여성이 된 사람도 많은 바

교육계: 손정규, 성의경, 박승호, 문남식, 송금선, 황신덕, 이숙종

여의사: 길정희, 이덕요 유영준, 정자영

음악계: 윤심덕, 한기주, 정훈모, 김원복

미술계: 나혜석, 백남신, 정온녀

문학계: 김일엽, 김탄실, 박화성

언론계: 최의순, 윤성상, 김원주, 김말봉

등은 그 대표적인 인물들이라고 하겠으며 그 외에도 여성 정치가로 제1야당의 최고의원까지 지낸 박순천도 그 근본은 역시 동경 유학생 출신이었다는 사실은 특기할 만한 일이다.

20대의 박순천 여사

박순천 여사의 증언

박순천은 경상남도 마산 출신으로 일본 여자 대학을 나온 최고 인텔리로서 교육가로 혹은 여성 운동가로 혹은 정치가로 한국 현대사에 불멸의 공적을 남긴 여성일 뿐만 아니라 과거 관동 대지진을 중심으로 한 박순천의 일본 유학기는 과거 일본에 있던 우리 여자 유학생들의 환경과 그 생태를 아는 데 좋은 증거가 되므로 여기에 그 일부를 실어본다.

3.1 운동 후 20년대 초의 동경에는 약 4백여 명의 한국 유학생이 있었는데 그중 여학생은 3,40명 정도였다.

전체 유학생을 위한 "학우회"라는 모임이 있었고 여학생들은 따로 "학흥회"라는 모임을 갖고 있었다. 학우회는 〈학지광〉이라는 기관지를 내고 우리 여학생들은 〈학흥〉이란 잡지를 낼 만큼 두 단체는 활발하게 움직였다.

3.1 운동 직후라 학생들은 집단의 필요성을 느끼고 열심히 참가하였다. 모두가 자기 주머니를 털어서 단체의 운영비로 썼으며 〈학지광〉이나 〈학홍〉도 이렇게 해서 나왔다. 두 잡지는 유학생계의 소식이나 논문과 감상문 등으로 꾸며졌는데 보통 한 학기에 한두 권 정도로 냈다.

내가 일본에 가기 전에 〈학우회〉는 이미 2.8 독립 선언이라는 큰 일을 해놓고 있었다. 이것은 본국의 3.1 만세 운동보다 한 달이나 앞섰고 본국의 학생들에게도 크게 용기와 자극을 준 사건이었다. 나는 일찍이 마산에서 동경의 2.8 독립 선언 소식을 들었다.

당시 동경의 간다구에 있던 한국 YMCA 회관은 우리 유학생들에게는 교회 겸 중요한 모임 장소였다. 1923년의 관동 대지진 때 불타버린 2층 양옥 건물은 미국과 스코틀랜드 YMCA에서 보내준 (그때 돈으로) 3만여 원과 우리 유학생들의 기부금 7백 원을 합쳐서 지어진 집이었다.

회관 건물에 걸린 〈재일본 조선 기독교 청년회〉라는 간판이 일본과 조선을 각기 다른 나라로 갈라놓은 저의가 있다고 해서 〈재동경 조선 기독교 청년회〉로 고치라는 압력이 있었으나 굳이 "일본"이라는 두 글자를 고집했다는 얘기를 들었다.

여학생들은 그 당시 모두 나이 든 처녀들이었고 남학생들은 대개

처자를 거느린 사람들이었다. 따라서 서로 상대가 되기 어려웠고 여학생들은 일반적으로 '오죽이나 할 일이 없으면 연애를 하랴'는 식으로 사랑과 결혼에 대해서는 부정적인 생각을 가지고 있었다. 또 우리가 가장 멸시해 마지않던 일 중의 하나는 돈 있는 남자에게 시집가는 것이었다. 그리하여 자연히 여학생들은 여자 친구들끼리만 사귀게 되었고 유난히 친한 단짝 친구를 대부분 가지고 있어 동성연애로 놀림을 받기도 했다. 이렇게 단짝 친구들이 되면 주머닛돈이 쌈짓돈이 되어 네 것 내 것을 가리지 않는 것이 그 당시의 우정이었다.

남학생들은 일반적으로 여학생을 어려워했으나 가끔은 교제를 좀 해보려고 꽃을 사들고 쫓아다니는 사람도 있었다. 꽃이라야 그때는 종류가 그리 많지 않아 카네이션이 여학생에게 바치는 최고의 아름다운 꽃이었다.

대지진 참극의 내막

우리가 나라를 뺏기고 36년 동안이나 일제에 짓밟힌 수난사를 전부 말로 표현한다는 것은 불가능한 일이다. 그러나 1923년 9월 관동 대지진 때 자행된 한국인 학살 사건은 일제 만행의 대표적인 예라고 할 것이다. 이것은 세계를 경악하게 한 독일 히틀러의 유태인 학살과 견줄만한 참혹한 사건이었다.

9월 1일 낮 갑자기 지진이 일어나서 동경 전체가 불에 타고 집이 무너져서 폐허로 변해가고 있을 때 우리 교포들은 일본인들 틈에 섞여서 공포와 불안으로 우왕좌왕 하고 있었다. 교통은 두절되고 상점은 문을 닫아 남의 나라에 와서 근근이 살아오던 교포들로서는 당장 끼니를 이어가기가 힘든 형편이었다.

이런 판국에 일본인들은 우리에게 갖은 누명을 씌워 닥치는 대로 학살을 했다. 나중에 우리가 직접 파악한 숫자만도 5천 명이 넘었으니 나라 잃은 죄로 원통하게 죽어간 원혼이 얼마나 많았던가를 충분히 짐작할 수 있을 것이다.

그 당시 동경 경시청에서 만든 〈대진화재지大震火災誌〉는 한국인에 대한 유언비어가 시시각각으로 어떻게 확대되어 갔는지를 한눈에 보여준다. 그리고 이 유언비어의 내용들은 우리 동포에 대한 학살이 순전히 일본인 특유의 소심과 사악의 습성에서 빚어졌다는 것을 잘 말해주고 있다.

〈대진화재지〉에 따르던 유언비어는 9월 1일 오후 3시께 '사회주의자와 선인(조선인)의 방화가 많다'는 소문으로 시작되었다.

2일에는 다시 '1일의 화재는 불령선인의 방화와 폭탄 투척에 의한 것이다', '선인 폭도 3천 명이 흉기를 휘두르며 몰려오고 있다', '선인들이 화약고를 습격하고 우물에 독약을 넣었으며 약탈을 감행하고 있다'는 등으로 번져갔다.

3일에는 '잡혀있던 선인들이 경찰서에서 석방되었으니 속히 이들을 잡아 죽여라', '공원 및 불타버린 자리에는 경찰로 변장한 선인들이 있으니 조심하라'는 등으로 좀 더 악랄해졌다.

일본인들은 놀라고 흥분한 가운데 미친 듯 날뛰고 한국 사람을 찾아내어 죽창과 철봉으로 살해했다. 도쿄니치니치東京日日 신문을 비롯한 각지의 신문들이 민중을 더욱 선동하였으며 전 시가지는 피비린내로 자욱하였다. 이들은 한국 사람으로 오인되어 저희들이 많이 죽게 되자 '일본인은 머리띠를 매라'고 지시하고 다시 머리띠 매는 방법에 의해 한국인과 일본인을 구별하기도 했다.

그들은 박살, 투살, 일도양단, 사살 등 온갖 이름이 붙은 살해 방법으로 우리 교포를 죽였으며 이 살육 행위에는 흥분한 민중뿐만 아니라 군경도 합세하였다. 이 소동은 지진이 일어난 도쿄, 요코하마, 미우라 반도 전역을 휩쓸었다.

이러한 유언비어는 어떻게 조작되었으며 조작된 이유는 무엇이었던가? 후에 발견된 전문 등에 따르면 유언비어의 출처가 일본 내무성, 군부, 경찰 등인 것은 의심할 여지가 없다. 그들은 지진 후의 식량난으로 인한 폭동과 이틈을 타서 한국인과 사회주의자가 일어날지도 모른다는 위험에 대비하여 일부러 헛소문을 만들어 내었다.

난동이 휩쓸고 간 후 일본 당국은 우리 교포의 귀국과 한국인의 일본 여행을 금지시키고 이 소문이 한국에 전파되는 것을 막으려 했다. 조선 총독부의 사이토 총독은 "내가 아는 바로는 조선인의 피해

자는 단 2명뿐이다."라고 헛소리를 치다가 나중에는 유언비어 취체령을 내려 관동 대지진 때의 학살 사건에 대해서는 말하는 것조차 금지했다. 구사일생으로 살아난 유학생들은 "진상 조사반"을 조직했으나 당국의 압력으로 "이재동포 위문반"이라는 이름을 걸게 되었다. 위문반은 시체가 뒹굴고 있는 곳곳을 하루 종일 돌아다니며 5천여 명의 희생자를 확인하게 되었다.

지진이 일어나던 9월 1일 나는 여름 방학을 평양의 박신덕 집에서 보내고 일본으로 가기 위해서 기차표를 사놓고 있었다. 오후 1시 기차를 타려는데 동경에 큰 지진이 났다는 신문 호외를 보게 되었다. 학교에서도 "연락이 있을 때까지 오지 말라"는 통지를 해왔다.

등교하라는 연락은 11월에야 왔고 우리는 폐허가 된 동경에 다시 갔다. 가는 길에 기차에서 만난 일본인들로부터 우리는 우리 동포가 당한 참상을 자세히 듣게 되었다. 한 여자는 "우리 조카가 뒤통수가 납작해 선인으로 몰려 죽었다."고 전하기도 했다.

항상 나를 미행하던 형사는 직접 동경만에 가서 빠져 죽은 시체들을 건졌는데 그중 한 여자의 시체가 잊히지 않는다고 얘기했다. 아이 다섯을 양쪽팔과 가슴에 안고 죽어 한데 엉켜있는 시체더미를 건졌다는 것이다.

분노와 슬픔 속에 마음을 가다듬고 유학생들은 YMCA 회관에 모여 학살된 동포를 위한 추도식을 가졌다. 10여 개의 교포 학생단체들은 〈오호嗚呼! 피학살동포被虐殺同胞〉라는 만장을 일제히 보내 단상에 내걸었는데 일본 경찰은 일일이 "학虐"자를 지워버리고 "피살"만 남겨 주었다.

그 당시 일본에 가있던 우리 교포들의 수는 일본 전역에 걸쳐 8만 명 정도였다. 이중 5천 명을 무참히 잃어버린 교포들은 더욱 아픈 망국의 한과 함께 허탈감에서 헤어나기 힘들었다.

무정부주의자 박열은 애인 김문자와 함께 일본 천황을 죽이려고 했다는 터무니없는 죄명으로 체포되어 처음에는 대역죄로 사형 선고를 받았다가 나중에는 종신 징역이 된 것도 그때의 일이다.

양근환 의사의 마지막 모습

양근환이 처음 내 뒤를 따라온 것은 YMCA 회관 부근에서였다. YMCA에 들렀다가 전차를 타고 하숙집으로 돌아가고 있던 나는 한 청년이 내 뒤를 밟고 있는 것을 느꼈다. 그 청년은 그 후에도 가끔 내 뒤를 밟으며 한 정거장 일찍 내리기도 하고 또 하숙 근처까지 오기도 했다. 연애꾼 같지는 않았기 때문에 나는 속으로 퍽 궁금하게 여겼으나 모른 체 하고 다녔다.

그런데 하루는 하숙까지 쫓아와 편지 한 장을 휘딱 던지고 가버렸다. 쪽지를 펴보니 "나는 상해에서 온 독립군 테러단이다."라고 쓰여 있었다. 그리고 얼마동안 안 보이더니 어느 날 갑자기 하숙에 나타나 "중국 옷 한 벌만 얻어 달라."고 부탁을 하는 것이었다. 그때 나에게 와세다에 다니는 대만 학생이 가끔 찾아오곤 했는데 이것을 눈여겨 본 모양이었다. 그러나 중국인이라고 해도 학생복을 입고 다니는 사람에게 갑자기 중국옷이 있을 리 없었다. 나는 중국옷을 구해주지 못했다.

며칠 후 동경 유학생계는 발칵 뒤집혔다.

'우리는 모두 일본 통치에 협조해야 한다.'는 참정권 운동을 벌이며 한일 학생들 사이의 결혼을 권장하러 동경에 와서 스테이션 호텔에 머무르고 있던 친일파 민원식이 호텔방에서 칼에 찔려 죽었기 때문이다. 1925년 이른 봄이었는데 신문 호외가 돌고 야단법석이었다.

나는 누가 그랬을까 생각하며 그 다음날 아침 학교에 갈 준비를 하고 있었다. 그런데 2층에 있는 내 하숙방으로 인력거꾼 옷을 입고 운동화 한 켤레를 주머니에 찬 양근환이 쿵쾅거리며 뛰어올라왔다. 그의 눈은 어찌나 충혈 되었는지 피가 흐르는 것 같았다.

그는 다짜고짜 "호외 보았어?" 소리를 치더니 "상해로 갈 텐데 노비가 없으니 돈을 달라"고 말했다. 그때 나의 저금통장에는 7원 50전이 남아 있었다. 그가 민원식을 살해했다고 직감한 나는 얼른 하숙집 주인에게 돈을 꿀까 하다가 후에 탄로가 날 것 같아 건너편 떡집으로 뛰어가서 돈을 꿔다 주어 보냈다. 그 사이 양근환은 내 책상 서랍에 들어있는 단도短刀집 속에 자기 이름의 "槿"자를 쓴 종이를 몰래 넣어두고 갔다. 그때까지 자기 이름도 모르고 있는 나에게 자기가 누구라는 것을 알리고 떠날 생각이었던 것 같다. 나는 이것을 까맣게 모르고 있었는데 며칠 후 형사가 찾아와서 가택 수색을 할 때 그 종이쪽지가 발견되었다.

양근환은 도망가다가 시모노세키에서 잡히고 말았다. 그 당시 우리나라 사람들은 일본 사람에 비해 뒤통수가 유난히 납작해서 한국 사람을 가려낼 때의 중요한 판별 기준이 되곤 했는데 양근환도 그만 납작한 뒤통수 때문에 불심 검문에 걸렸던 모양이다.

얼마 후 나도 요쓰야 경찰서에 붙들려갔다. 웬일인지 형사에게 나를 맡기지 않고 경찰서장이 직접 취조했는데 그는 일주일 만에 나를 내보내면서 "적어도 징역 15년감은 되지만 당신을 잡아넣는다고 일본이 잘 될 것도 없고 조선이 독립될 리도 없으니 내보내 주겠다. 이 일은 당신과 나만 알고 공부나 열심히 해서 실력으로 나라를 찾아보라"고 하였다. 그러나 내가 곧 석방될 수 있었던 것은 양근환이 옥중에서 매우 강경하게 나와의 관련설을 부인했기 때문이었다.

양근환은 황해도 사람으로 인력거를 끌며 고학을 하고 있었다. 그 역시 일본 여성 이시카와와 결혼하여 두 딸을 두고 있었는데 일본인 아내는 우리에게 "저이가 인력거를 끌면서도 자기네 집은 금광을 하는 큰 부자라고 허풍을 떠는 바람에 나의 오빠가 홀려서 나를 시집보냈다."고 얘기하곤 했다. 그렇게 양근환은 사람이 괴짜였는데 감옥에 들어가서 내게 보낸 첫 편지에는 "누이야, 내가 나갈 때까지 절대 시집가지 말라"고 쓰여 있었다. 자기는 장가를 가서 아이를 둘씩 낳고 또 무기 징역을 받은 처지에 나보고 자기 나올 때까지 시집을 가지 말라고 했으니 우스운 일이다.

양근환이 잡혀가자 임아영, 황신덕과 나는 교포 박춘금이 얻어준 집에서 양근환의 아내와 두 딸을 데리고 살림을 시작했다. 우리가 집에서 받은 송금으로는 이렇게 밖에 그들을 도울 수가 없었기 때문이다. 그러나 남편이 무기 언도를 받자 그 아내는 아이들을 한국의 시댁으로 보내달라고 부탁하고 나가버렸다.

여름 방학이 되어 집에 가는 길에 나는 네 살과 두 살짜리 두 아이를 데리고 부산까지 왔다. 동경역에서 저녁 7시 기차를 탔는데 젖을 먹이고 나서 엄마가 내려버리자 두 살짜리는 밤 11시까지 울어대었다. 여학생복을 입은 채 두 아이를 데리고 이 사람 저 사람에게 젖을 얻어 먹이며 나는 간신히 부산에 도착해서 마중 나온 양근환의 고향 친구 신현섭에게 아이들을 맡겼다.

아빠가 갇혀있는 감옥에 면회를 갔다 와서는 "우리 아빠 집은 참 크다"고 자랑하던 네 살짜리는 시모노세키에서 배를 갈아탈 때 한 한국 여자를 보고는 "우리 엄마 같다"고 제 동생에게 말해서 나를 눈물 나게 했다. 두 살짜리는 그 후 병을 앓다가 죽었고 큰 아이는 이화 대학에 다니다가 6.25 때 죽었다.

기나긴 옥고를 치르고 해방 후 서울로 돌아온 양근환은 여전히 괴짜 행색을 하고 또 술을 많이 마셨다. 한번은 황신덕의 집에서 술에 취한 그를 만나 나무랐더니 "내가 술 먹으면 제 돈으로 먹었나?" 하고 중얼거렸다. 그러더니 내가 시골로 갔을 때 "누이야, 나 술 먹는 것 흉보지 마라. 술 먹으면 미운 놈도 없어지고 고운 놈도 없어진다."고 편지를 보내 왔었다.

그는 재혼해서 얻은 아내와 아이들을 남겨두고 납북되었다. 6.25 때 국립 도서관 2층으로 모두 잡혀가 있을 때 그는 반바지와 러닝셔츠 바람으로 잡혀 와서 공산당 욕을 한바탕 하더니 나를 보고 "밥 먹었어?"라고 묻고 조그만 거울 1개를 꺼내준 후 3층으로 올라갔다. 이것이 내가 마지막 본 그의 모습이었다.

미행 형사를 따돌리다

지금 젊은이들은 목청을 높여 연설하는 웅변이란 것을 약간 희극적이라고까지 생각하는 것 같으나 내가 젊었을 시절에는 웅변대회가 대유행이었다.

강연이란 으레 연사가 민족주의의 배일사상을 들고 나와 소리치고 청중들은 흥분해서 박수갈채를 보내는 맛에 하는 것이었다. 분위기가 그랬기 때문에 웅변대회장에는 반드시 일본인 경관들이 먼저 와서 진을 치고 있었다.

경관 중의 하나는 정복을 입고 연단 위에 올라와 있다가 내용이 이상하게 돌아가면 벌떡 일어나 "주의!" 하고 외치는데 "주의"를 두 번 주고나면 세 번째는 "중지!"를 외치게 된다. 그래서 모든 웅변대회와 강연회는 끝까지 계속되는 예가 드물었고 중간에 강제 해산 되는 게 보통이었다.

동경의 유학생들은 늘 YMCA 회관에서 강연회를 열곤 했다. 내가 처음으로 강연을 해본 것은 마산에서의 복역을 마치고 두 번째 도일한 후였는데 내용은 다 잊었으나 제목은 "종점"이었다. 이렇게 강연에 재미를 붙인 유학생들은 방학 때 고국에 돌아오면 전국을 순회하는 강연대회를 개최하곤 했다. 나도 1학년 때의 여름 방학에는 유영준, 김선과 함께 여학생 강연반을 조직하여 부산에서 함흥까지 첫 강연 여행에 오르게 되었다. 우리는 부산, 통영, 안동, 안성을 거치며 기차로 함흥까지 올라갔다. 가는 곳마다 고향에 내려가 있던 유학생들이 그 지방 유지들과 힘을 모아 강연회 준비를 해놓고 우리를 기다려 주었으며 지방 유지들은 우리들의 숙식은 물론 여비까지 마련해 주었다.

저녁이 되면 우리가 묵고 있는 집으로 동네 부인들이 몰려와서 밤을 새우며 얘기를 나누던 기억이 지금도 생생하다. 부인네들은 남녀 군중을 모아놓고 연설하는 "잘난 여자"들을 한 번 보기만이라도 하려고 뒤를 쫓기도 했다. 그들은 떡을 치고 닭을 잡고 옥수수나 감자를 쪄서 우리를 먹이며 흐뭇해했다. 그렇게 완고하던 시골 할아버지들도 아직 나이 어린 우리를 "박 선생", "김 선생" 하고 부르며 나라를 다시 찾는 크나큰 일에서의 동지 대접을 해주었다.

열렬한 박수갈채 속에 우리는 지칠 줄 모르고 3천 리 길을 달렸다. 통영 교회에서 강연할 때의 일이다. 나는 이말 저말로 일본을 욕하던 끝에 "저희들이 혼자 문화인인 것처럼 우리를 흉보지만 일본 잡지를 보니 변소에서 휴지를 안 쓰는 시골이 수두룩하다더라." 고 말해버렸다. 물론 일본 경찰이 "주의!"를 외쳤고 강연회가 끝난 후에는 경찰서에 끌려가 조사를 받게 되었다. 나는 지저분한 내용을 가지고 이렇다 저렇다 말하기가 싫어서 "너희 나라 잡지에 난 것이니 내가 일본에 가는대로 그 잡지를 보내 주겠다."고 약속한 후에 풀려났다.

안동에서 강연할 때는 초립을 쓴 한 소년이 맨 앞줄에 앉아 내 말을 듣고 있었다. 안동은 양반 고을이라 유난히 갓을 쓴 청중이 많았는데 그 소년은 장가는 갔으나 아직 미성년이라 초립을 쓰고 있던 모양이었다. 나는 강연 도중 우연히 그 소년이 눈에 띄자 "당신도 초립 벗어 던지고 도망쳐 나가 어서 공부하시오. 나는 여자지만 도망 나와서 공부했소." 하고 소리쳤다. 그를 다시 만난 것은 제2차 세계대전이 막바지에 이르러 한창 세간들을 옮기고 있는 와중에서였다. 나는 그때 중앙 여학교 교사로 학교 물건을 나르고 있었는데 한 남자가 쫓아와서 인사를 했다. “제가 바로 20년 전 안동서 초립을 쓰고 선생님 강연을 듣다가 혼난 사람입니다. 선생님 말씀대로 도망쳐 나와 공부를 했었지요.” 하고 그가 말해 우리는 서로 반가워하며 한참 웃었다. 그때 그 사람은 안국동 파출소 부근에서 운송회사를 경영하고 있다고 했다.

동경 강연에서는 에티오피아 사람들은 살아있는 양을 갖다 놓고 살점을 떼어 구워먹는 풍습이 있다고 하는데 이것은 일본이 우리나라를 대하는 것과 꼭 같다고 말하다가 “주의!”에 걸린 일도 있다.

그 당시 일본인 순사들은 강연회장에서 뿐만 아니라 우리와는 늘 같이 지내고 있었다는 말이 더 적합할 것이다. 그처럼 자기들이 소위 “불령선인”으로 점찍은 사람에게는 그림자처럼 붙어서 따라다녔다. 그런 학생이 하숙하고 있는 집에는 매일 찾아와 일거일동을 캐묻기 때문에 하숙집 주인까지 괴로움을 당해야만 했다.

좌로부터 박열, 김구, 양근환
(독립기념관 저공)

마음의 고향 YMCA

과거 서울 중앙 기독교 청년회YMCA는 종로의 중심이었고 서울의 자랑이었다. 종로 네거리에서 동대문을 향하여 조금 내려가자면 바른 편에 우뚝 서 있는 4층 붉은 벽돌집이 바로 그 청년회관으로서 지나간 80년 동안 이 나라 사람들의 마음의 고향이었다.

그렇건만 그 유서 깊은 종로 청년회관은 6.25 전란 중에 괴뢰들이 패주할 때 방화로 인하여 다타버리고 지금은 그 웅장한 자태를 다시 찾아볼 수 없게 된 것은 가슴 아픈 일이다.

6.25 동란이 발발한 지도 어느덧 많이 지났고 불타버린 그전 YMCA 자리에는 현대식 빌딩의 새로운 YMCA가 들어섰지만 과거의 역사를 잘 아는 사람으로서는 예전의 YMCA가 더 그리우며 종로를 지날 때마다 서운한 생각과 더불어 감회가 자못 깊다.

나는 크리스천은 아니지만 어렸을 때부터 YMCA를 무척 좋아했다. 기미 3.1 운동을 전후해서 당시 중학교 초년생이던 나는 학교가 파하기만 하면 으레 청년회관에 들려서 놀았다. 탁구를 치고 농구를 하고 외국의 신문과 잡지를 보는 것도 재미가 있었지만 그보다 재래의 케케묵은 한국식도 아니요, 그때 갓 들어온 일본식도 아니요, 어딘지 서구적인 새로운 공기가 떠도는 그윽한 분위기가 특히나 어린 나의 마음을 이끌었는지도 모른다. 그뿐 아니라 청년회에만 가면 그때에는 보기 드문 서양 사람을 흔히 볼 수가 있는 것이 매우 인상적이었고 월남 이상재 선생과 좌옹 윤치호 선생과 같은 지도자들을 용이하게 볼 수 있었던 것이 또한 젊은이의 마음을 이끌었다. 그 시대의 YMCA는 확실히 새로운 문화의 매개처였으니 위에서도 말한 바와 같이 탁구를 비롯하여 농구, 야구, 축구 등 온갖 운동 경기를 맨 처음 소개하고 근대식 음악회나 강연회를 시작한 것도 청년회며 실업 교육과 영어 학교를 맨 먼저 개설한 것도 역시 청년회였다.

내가 바이올린이나 피아노를 처음으로 듣고 소프라노와 테너 등의 성악을 감상한 것이나 일류 명사들의 강연을 듣고서 감명을 깊게 받은 것은 물론 심지어 지금엔 누구나 매일같이 마시는 커피를 처음 맛본 것도 역시 YMCA의 덕분이었음을 생각한다면 당시 청년회의 위치와 공적을 잘 알 수 있을 것이다. 따라서 과거 80여 년 동안에 YMCA를 거쳐 나간 사람은 이루 그 수효를 헤아릴 수가 없을 만큼 많으며 특히 왜정 치하 36년간의 청년회는 은연 중 우리들의 마음의 고향이었고 우리 사회의 중심적 존재가 되었으니 서울 YMCA야말로 우리나라 신문화의 발생지였으며 조국 광복의 하나의 큰 지주였다고 해도 결코 지나친 말은 아닐 것이다.

우리 한국에는 구한말 1903년 3월 1일에 황성 기독교 청년회가 창립되고 1907년(광무 11년)에 세계 YMCA의 거두 머트 박사의 주선으로 미국의 백화점 왕 와너메이커가 그때 돈으로 10만 달러를 건축비로 기부하고 내장원경 현흥택이 종로 한 모퉁이의 광대한 토지를 제공하자 당시 황실에서도 막대한 내탕금을 하사하여 그 돈과 그 대지로써 마침내 그 시대로서는 보기 드문 붉은 벽돌 4층의 웅대한 청년회관이 출현하게 되었는바 건축가는 상해에서 초빙해 왔으며 건축 재료도 대부분을 미국에서 가져왔다. 그리하여 약 80년 동안을 격변하는 조선의 운명과 함께 만고풍상을 다 겪었다.

기독교 청년회는 공산 국가를 제외하고는 세계 어느 나라고 없는 곳이 없다. 그러나 우리 한국 YMCA만큼 특수한 전통과 찬란한 역사를 가진 YMCA는 별로 그 유례를 볼 수가 없으니 그것은 대체 무슨 까닭일까? 서울 중앙 YMCA가 창설된 20세기는 바야흐로 동서 문명이 교체될 때였을 뿐더러 약육강식의 식민지 경쟁 시대였으므로 암흑하고 혼란하기 짝이 없던 구한말에 마치 혜성 같이 등장한 YMCA가 스스로 신문화 수입의 창구가 되고 망국의 통한을 품은 우국지사들이 정치적 망명처로 몸과 마음을 청년회에 기탁하여 안으로는 청소년 육성에 희망을 걸고 밖으로는 우리보다 앞선 세계 각국과 맥을 상통하고 연락을 하려고 했던 것은 또한 당연한 추세였다고 할 것이다.

더욱이 명성이 높던 월남 이상재 선생을 비롯하여 청년지사로 모든 사람의 촉망을 받던 우남 이승만 박사와 좌옹 윤치호 선생과 같은 일류 인물들이 청년회를 중심 삼아 조국 광복이라는 원대한 목표 아래 구령과 구국의 두 가지 사업을 눈부시게 추진하게 되어 YMCA는 다만 기독교도만의 청년회가 아니고 전 민족적인 커다란 사회 기관으로 화하였다. 따라서 한국 YMCA가 우리 사회와 우리 민족에게 끼친 공적은 이루 헤아릴 수 없을 만큼 많았으며 왜정 치하에서 폭발된 3.1 독립운동이나 6.10 만세 사건과 같은 중요한 항일 운동에는 반드시 YMCA가 개재하였으며 학생 지도와 농촌 계몽과 체육 향상과 문화 보급 등에 80여 년 동안 시종일관 하였으니 암흑하고 절망적이던 그 시대에 있어서 YMCA는 실로 유일무이한 희망의 등불이었다.

재일본 한국 YMCA의 공헌

앞에서 말한 바와 같이 나는 어려서부터 자주 YMCA에 드나들고 또 YMCA를 좋아했기 때문에 그 후 일본 유학을 하게 되어 동경에 간 뒤에도 도착하자마자 맨 처음 찾은 곳이 간다에 있는 한국 YMCA였다(당시는 "재일본 조선 기독교 청년회"라고 하였다). 1921년경이라고 생각되는데 그때 YMCA는 지금 있는 곳(사루가쿠초)이 아니라 센슈 대학 근처, 중국 YMCA 이웃이었으며 백남훈이 총무로 있었다.

이것은 나중에 안 일이지만 백남훈은 1917년부터 1923년까지 전후 6,7년 동안이나 총무로 있으면서 여러 가지 일을 많이 한 인격자였다. 그중에서도 가장 큰 업적은 비록 일본의 식민지 시대라고 하더라도 정치적으로는 불가능하겠지만 종교에서까지 그들의 지배를 받을 까닭은 없다고 하여 본국의 여러 지도자들과 상의하여 동경에 있는 한국 YMCA는 본국의 연합회에 가입하고 일본 YMCA 동맹의 지배는 받지 않도록 한 것을 위시해서 2.8 독립 선언서 사건으로 수감 중인 유학생들을 위하여 차입하는 일, 재판 받는 일, 변호사를 대는 일과 왜왕 히로히토에게 폭탄을 던진 김지석 의사와 상해 홍커우 공원에서 폭탄으로 시라가와 육군 대장 등 일본 요인을 다수 살상한 윤봉길 의사, 참정권 운동을 하러 동경에 온 국민회 회장 민원식을 암살한 양근환 의사 등의 뒷바라지를 하는데 크게 공헌하였다.

당시의 동경은 인구가 불과 2백만으로 동경 시대라고 하면 쇼센(국철선) 내부에만 국한되어서 지금의 번화가인 이케부쿠로 같은 곳은 논바닥이었으며 시부야, 신주쿠도 잡초가 무성하여 밤에는 여우가 나올 지경이었다. 그리고 동경의 유흥가는 아사쿠사에 집중되어 학생이나 일반 월급쟁이들은 일 년에 한두 차례 아사쿠사에 놀러가서 연극이나 영화를 구경하는 것이 고작이었다.

조선 유학생도 천여 명 밖에 되지를 않았는데 고지마치에 있는 구한국 시대의 유학생 감독부 건물과 YMCA에서 기숙사 생활을 하는 백여 명의 학생 이외에는 대개 간다나 와세다 근처에서 일본 집에 하숙을 하거나 그렇지 않으면 셋방을 얻어서 자취를 하는 사람이 많았다. 그리고 서울의 중앙 YMCA가 우리나라 신문화 수입의 발상지였고 민족 운동의 중심지였던 것과 같이 일본에 있는 한국 YMCA도 그만 못지않게 크나큰 공헌을 하였으니 3.1 운동 직전 백관수,

최팔룡 등의 2.8 운동이 여기서 일어났고 한일합방 이후 수십 년 동안 한국 유학생의 정신적 지주로서 언제나 민족 운동의 핵심이 되어 온 사실을 보면 동경에 있는 한국 YMCA의 위치와 공적을 넉넉히 짐작할 수가 있다.

그뿐 아니라 구한국 시대에는 동경에 한국 공사관이 있었고 유학생 감독부가 있어서 유학생의 편의를 봐주었으나 1910년 한일합방 이후로는 허울 좋은 일본 국민이 되었기 때문에 "특고"라는 이름의 형사가 뒤를 따를 뿐 아무 보호도 원조도 없게 되었으므로 그 대신 동경에 있는 한국 YMCA가 한국 공사관 격이 되어 대사나 공사의 역할을 대신하게 되었으니 그만큼 동경 YMCA의 비중이 더 무거워지고 그곳의 총책임자인 총무의 인품이 매우 중요하게 된 것 또한 당연한 일이었다.

따라서 일제 강점기의 동경 유학생들은 기쁜 일이 있으나 슬픈 일이 있으나 한국 YMCA에 모여서 울고 웃었으며 어떤 난처한 문제가 생기면 먼저 YMCA 총무에게 의논을 하였다. 그리하여 학생의 호소를 들은 총무는 마치 어버이가 나이 어린 자식을 대하듯 친절히 이야기를 듣고 어느 때는 학부형 대신 학교에 가서 보증을 해주고 또 어느 때는 주머니를 털어서 수업료도 대신 내주기도 했다.

그러므로 내가 처음 동경에 도착해서 놀란 것은 당시의 한국 유학생은 어느 지방 출신이든 어느 학교 학생이든 또 무슨 주의자든 그리고 남학생이든 여학생이든 온갖 생활의 중심을 YMCA에 두고 있다는 사실이다.

초기 재일본 조선 기독교 청년회

동경 조선문화사

동경 한국 YMCA는 1906년 당시 황성 기독교 청년회(현재 서울 YMCA) 총무로 있던 김정식이 최초의 총무로 임명되어 일본에 옴으로써 시작되었다. 처음 "간다구 미도시로초"에 있는 일본인을 위한 동경 YMCA에 방 하나를 얻어서 사무를 보게 된 것이 첫 발단이었는데, 그때의 사무란 주로 새로이 일본에 건너온 유학생들에게 일본어를 가르쳐 주는 일이었다.

동경 한국 YMCA가 개설하게 된 첫 동기는 그때 마침 북미 YMCA 부총무 브랙만이 일본에 와서 보고 동경에 우리 유학생이 6~7백 명이나 되건만 이들을 지도 보호하는 기관이 하나도 없는 것을 유감으로 생각하여 당시 황성 기독교 청년회 협동 총무로 있던 질레트와 상의한 후에 비로소 동경에 한국 YMCA를 설치할 것을 결정하게 되었던 것이다.

1914년 9월 간다구 오가와마치 2정목 5번지 2층 양옥을 새로운 회관으로 정하여 비로소 내 집을 갖게 되었는데, 1923년 9월 1일 관동 대지진으로 몽땅 소실되고 말았다.

1925년 4월 북미 YMCA에서 동경 한국 YMCA의 건축 기부금으로 5만 달러를 기부하겠다는 연락이 와서 최승만 간사가 직접 본국에 가서 동아일보사의 후원으로 전국에서 모금한 약 8천원과 합하여 11만 5천여 원의 예산으로 동경시 간다구 사루가쿠초 9번지에다 총 건평 219평의 철근 콘크리트 3층 회관을 새로 지으니 때는 1929년 4월 4일이었다.

1923년 관동 대지진 때에 귀국했던 내가 두 번째로 다시 동경에 가게 된 것은 1929년 3월이었는데 그것은 조선일보 기자로서 신문사가 주최한 상공 시찰단의 뒤를 따라서 일본 각지를 돌게 되었기 때문이었다. 4년 만에 다시 일본에 와서 보니 관동 대지진으로 폐허가 되었던 동경도 어지간히 부흥되고 우리 YMCA도 지금의 자리로 옮겨서 훌륭하게 재건된 것을 알았는데 YMCA에 공적이 많은 백남훈은 이미 본국으로 돌아갔고 그 사이 최승만 간사가 총무로 승진하여 간신히 한국 YMCA의 새 회관을 완성하였다.

그 후 내가 세 번째로 동경에 간 것은 1937년 소위 지나 사변이 일어난 뒤였는데, 당시 조선에서는 미나미 총독의 조선 문화 말살 정책으로 인심이 자못 소란하였다. "조선말을 하지 말라", "조선글도 쓰지 말라" 그리고 이름도 일본식으로 창씨를 하라는 바람에 "이 놈들이 나중에는 남의 성까지 빼앗아가는구나" 하고 일반 민중의 원성은 날이 갈수록 높아갈 뿐이었다. 나도 다소 생각하는 바가 있어서 그때까지 다니던 신문사를 사직하고 일본으로 갔으니 그것은 일본의 심장부인 동경에 직접 뛰어 들어가서 한국 문화의 우수성과 문화라는 것은 일시적인 정치권력으로 결코 말살되지 않는다는 것을 널리 알리고 또 호소하기 위함이었다. 그리하여 동경에 도착한 나는 즉시 "조선문화사"를 창립하고 기관지로 〈조선화보〉라는 잡지를 발행하게 되었는데 미나미 총독의 폭정은 "조선은 반도", "조선인은 반도인"이라고 개칭하던 시대였던 만큼 동경 한복판에 "조선"이라는 간판을 건 곳은 오직 "조선 총독부 동경 출장소"와 "조선문화사" 두 곳 밖에는 없었다.

창씨개명은 일본인도 반대

한 가지 흥미로운 일은 내가 동경에 와서 보니까 일본의 국수주의 단체들이 연합해서 중의원과 귀족원 등 일본 국회에 청원서를 내고 미나미 총독의 창씨개명을 반대하는 운동을 맹렬하게 전개하고 있는 것이었다. 그들의 주장은 신성한 일본인의 성씨를 왜 조선인에게 주어야 하느냐는 것으로 그 근본정신은 한국인이 창씨개명을 반대하는 것이나 똑같았다. 나는 그것을 보고 어느 나라고 자존심이 있고 양심이 있는 사람의 생각은 똑같다는 점을 발견하고 매우 흥미롭게 생각하였다.

그 후 태평양 전쟁이 일어나서 동경 상공에도 B-29가 나타나고 공습경보가 자주 울릴 무렵 나는 그때까지 일본집에 있던 "조선문화사"의 간판을 한국 YMCA로 옮겼는데 그것은 목조의 다 낡은 일본집보다는 YMCA의 철근 콘크리트 건물이 공습에 안전할 뿐더러 인심이 점차 험악해 가는 그 판국에도 한국 YMCA에만 가면 그래도 조금은 마음이 놓이기 때문이었다.

당시 YMCA의 최승만은 벌써 귀국한 뒤였고 윤근이라는 이가 총무로 있었는데 징용과 학도병으로 말미암아 유학생도 별로 없는 때이므로 YMCA는 마치 초상난 집과 같이 쓸쓸하기 짝이 없었으며 찾아오는 사람이라고는 경시청 특고와 내선계 형사들뿐이었다.

미 공군의 공습은 날이 갈수록 치열해져서 나는 하루에도 몇 번씩 YMCA 지하실로 대피를 했는데 일본에서 폭탄을 맞고 죽을 까닭은 없으므로 1945년, 즉 해방되던 해 정월에 필경 귀국할 결심을 하고 점차 폐허가 되어가는 동경을 뒤로 하고 본국으로 돌아왔다.

당시 동경에서 "모던 일본"(나중에 신태양)이라는 잡지를 발간해서 일본 문화계의 중진이 된 마해송 사장과 동행을 했는데 그 며칠 전에 "곤론마루崑崙丸"라는 1만 톤짜리 부관연락선이 미국 잠수함의 공격으로 격침된 사건이 발생하여 그 때문에 연락선은 두절되고 시모노세키 부두에는 배를 기다리는 여객들로 인산인해를 이루었다. 마 사장과 나는 정거장 앞 산요 호텔에서 며칠 동안 발이 묶여 있다가 천신만고로 간신히 귀국하였는데 서울에 돌아온 지 꼭 8개월 만에 8.15 해방을 맞이하게 되었다. 얼마나 오랫동안 기다리고 기다리던 해방이었던가? 우리는 마음껏 만세를 불렀다. 그런데 해방된 지 얼마 안 되어 나는 놀라운 소문을 들었다. 그것은 동경에 있는 한국 YMCA 윤근 총무가 조선인 총연합회(조총련)의 위원장이 되었다는 사실이다. 윤근은 원래 기독교 신자로서 오랫동안 서울에서 교원 생활을 하다가 일본으로 건너간 사람인데 그가 벼락 공산당이 될 줄은 까맣게 몰랐다.

윤 총무는 그 후 신의주 시장이 되었으며 그의 큰형이 소련군의 대령으로 있었다고는 하나 확실한 것은 모른다. 내가 그를 알기는 1930년경 그가 서울에서 근화 여학교 교원으로 있을 때인데 착실한 "크리스천"으로 온후한 친구였다. 그런데 그가 어찌하여 갑자기 공산당이 되었는지는 나는 오늘까지도 잘 모른다.

1945년 8.15 해방이 되자 다 죽은 줄만 알았던 한국의 YMCA도 되살아났다. 우선 서울 중앙 YMCA만 하더라도 그때까지 총무로 있던 구자옥은 미 군정청의 간청으로 경기도 지사가 되었고 그 후임으로 다년간 만주에서 독립운동을 한 죄로 길림 감옥에 있다가 해방이 되어 출옥한 변성옥 목사가 부임해서(나중엔 현동완) 자못 활기를 띠게 되었다.

YMCA의 크고 작은 강당에서는 매일같이 정치 집회가 열리고 오랫동안 폐쇄되었던 실내 체육관에서는 젊은이들의 우렁찬 소리가 다시 들리게 되었다. 그리하여 사람들은 누구나 해방의 기쁨에 도취되었고 곧 탄생될 독립 정부에 크나큰 기대를 걸었다.

생각하면 기나긴 세월이었다. 1910년 경술국치에서 1945년 해방까지 36년 동안 한국과 한국인이 받은 수난은 이루 다 헤아릴 수가 없거니와 서울 중앙 YMCA와 동경의 한국 YMCA도 미국의 세력을 배경으로 한 독립운동 단체라고 해서 항상 엄중한 감시와 탄압을 받아왔다.

태평양 전쟁이 점점 가열되자 조선 총독부에서는 한국 YMCA에 대하여 "조선은 독립 국가가 아니고 일본의 일부인데 한국 YMCA가 YMCA 세계 기구의 정회원으로 가입되어 있음은 잘못이니 일본 YMCA 동맹으로 하여금 한국 YMCA까지 대표토록 하라"고 하여 노골적으로 일본 YMCA에 합병할 것을 강권하였다. 그 때문에 이상재, 윤치호, 신흥우, 구자옥 등 한국 YMCA 회장이나 총무가 여러 차례 일본으로 가서 일본 YMCA 동맹의 거두 사이토 등과 여러 가지 대책을 강구하기도 하였다.

그런데 이것은 경술국치로 조선에 총독부가 생긴 때부터 일어났던 문제로서 당시 한국 YMCA의 지도자였던 월남 이상재 선생이 동경 혹은 북경에서 열렸던 세계 YMCA 대회에 조선 대표로 참석하여 정치와 종교는 별개의 것이라는 점을 역설하고 한일합방이 되었다고 해서 YMCA까지 일본에 합병할 필요는 없지 않느냐고 호소하여 각국 대표의 찬성을 얻었고 총독부도 세계 여론을 두려워해서 그대로 묵인해 온 것이며 일본 YMCA 동맹의 사이토 총무는 누구보다도 그 경위를 잘 알고 있었으므로 총독부와는 달리 오히려 한국 YMCA

측과 공동보조를 취해왔다.

그러나 전쟁의 국면이 더욱 더 불리해지자 일제의 압박이 날로 심해져서 YMCA의 유지가 어렵게 된 데다가 동경 경시청에서는 전쟁으로 유학생이 거의 없다는 것을 이유로 한국 YMCA의 건물을 군수품 제조 공장으로 전용할 것을 강요하였다. 경시청의 중개로 윤근 총무와 모 군수 회사 사이에 건물 매도 가계약까지 체결되어 조금만 더 있으면 정식으로 계약을 해서 집을 내어주어야 할 판국에 8.15 해방을 맞이하게 되었으니 참으로 위기일발의 위험한 고비였다.

연락선에서의 촌극

1943년 말의 일이었다. 당시 하와이의 진주만을 기습 공격하여 태평양 전쟁을 일으킨 일본이 연합국의 반격으로 공세에서 수세로 몰려서 일본이 자랑하던 연합 함대는 이미 괴멸되고 동경 상공에는 밤낮으로 거대한 미군기 B-29가 나타나서 이곳저곳을 폭격하고 일본 근해에는 잠수함까지 출몰하여 선박의 운행도 위험하였다.

동경에 있다가 잠시 서울에 돌아온 나는 다시 동경으로 갈 일이 걱정이었다. 바로 그 얼마 전에는 부관연락선(부산과 시모노세키 사이를 다니는 배)인 1만 톤 급의 곤린마루가 미군 잠수함의 어뢰 공격으로 격침되어 수천 명의 승객이 물귀신이 된 사건이 있었으므로 일본을 왕래한다는 것은 여간 어려운 일이 아니었다.

그러나 일본의 패망은 오직 시간문제로 되었고 일본에서 아주 귀국하자면 그동안 동경에 벌여놓은 일을 정리해야 하므로 위험을 각오하고라도 떠나지 않을 수가 없었다. 그리하여 서울에서 부산까지 온 나는 "도쿠주마루德壽丸"라는 연락선을 탈 때에 이전에는 2등실만을 타던 것을 이때는 특별히 1등실을 타게 되었다. 그것은 잠수함의 공격을 받아 연락선이 침몰되는 일이 생기더라도 배가 즉시 침몰만 하지 않는다면 선장은 우선 1등실 승객부터 차례로 구명보트로 옮겨 타게 해주리라는 작은 희망을 가졌기 때문이었다. 부산 부두에서 트랩을 오를 때에 3등실을 들여다보니까 대부분이 일본인 승객들로 초만원을 이루었는데 보이의 안내를 받아 1등실로 들어서보니 웬일인지 승객이라고는 나 한 사람 밖에는 없어서 좀 이상하게 생각이 들었다. 그랬더니 떠나기 조금 전에 승객들이 몰려들어 오는데 그것은 중국 사람들의 단체객이었다. 거의 20명이나 되는 청춘 남녀들로 나중에 알고 보니 그들은 동경에서 개최되는 "아시아 청소년 친선 대회"에 화베이 대표로 북경을 떠나온 사람들이었다.

소위 "대동아 공영권"을 만든다고 전쟁을 일으켜서 점령한 나라마다 괴뢰 정권을 수립한 일제는 장제스 총통의 난징 정부가 충칭으로 천도한 뒤에는 바로 그 자리에 행정원장 왕자오밍을 유인해서 괴뢰 정부를 만들게 하는 한편 상해에는 량홍즈를, 북경에는 왕커민 등을 내세워서 지방 정권을 수립케 하여 광대한 중국 대륙을 분할 통치코자 하였다.

그러므로 일본이 새로이 점령을 했거나 점령을 하려는 나라의 지도자인 필리핀의 로렐, 태국의 피분, 인도네시아의 수카르노, 버마의 파모, 인도의 보스 등 괴뢰 정권의 수반과 중국 각지의 요인들을 단합시키고 그와 함께 아시아 각국의 청소년들을 한데 모아서 친선을 도모할 필요가 있었다. 따라서 1등실의 단체객들은 그러한 목적을 위해서 일부러 북경으로부터 초청해 가는 사람들이었다. 나는 중국어를 잘 몰라서 자세히 알 수는 없었지만 그들의 태도와 표정으로 보아서 북경에서는 상당히 존재가 있는 인텔리처럼 보였다.

그렇건만 연락선이 부산항을 떠나서 항해를 한지 얼마 안 되어서 들어온 이동 경찰의 태도와 언행은 여간 난폭한 것이 아니었다. 이동 경찰은 일본인 형사 두 사람과 헌병 한 사람이 따라 들어왔는데 중국인 단체객의 인솔자인 듯한 중년의 신사가 일행을 대표해서 신분증을 내어 보이고 일본 정부[大東亞省]에서 발행한 듯한 초청장을 내놓고 무엇인가 떠들어대었건만 이동 경찰은 그런 것은 아랑곳없다는 듯이 "네 이름은 무엇이며 너희들은 무엇 때문에 동경으로 가느냐?"고 으름장을 놓고 손가방까지 샅샅이 뒤지는 등 마치 무슨 범죄자나 다루는 듯 언동이 자못 난폭하였다. 옆에서 가만히 보자니 중국인들은 남녀를 불문하고 누구나 얼굴이 불그레해가지고 아주 불쾌한 표정을 지었고 단장으로 보이는 사람은 분해서 어쩔 줄을 몰랐다. 그래서 무어라고 고함을 치는데 잘은 모르겠으나 그 뜻은 대개 사람을 오라고 초청해놓고 이렇게 무례하게 대우할 수가 있느냐고 꾸짖는 것 같았다. 그러니까 이동 경찰을 따라 들어왔던 일본 헌병은 그 말을 알아들었던지 도리어 버럭 소리를 지르고

"난다 고노 짱꼬로메!" (뭐야, 이 중국놈아. "짱꼬로"는 당시 중국인을 멸시하는 말)

라고 하더니 단장을 끌고 밖으로 나갔다. 모르면 몰라도 조사를 한답시고 데려간 모양이나 그 때문에 방안의 공기는 삽시간에 찬바람이 불어서 냉랭하게 되었다.

나의 머릿속에는 생각지도 않으련만 그 옛날에 내가 겪은 일이 생생하게 떠올랐다. 그것은 내가 보통학교(지금의 초등학교) 1학년에 다닐 때의 일인데 당시 내가 통학하던 교동 보통학교에서는 생도들에게 저금을 장려하여 1전이고 2전이고 잔돈푼이 생기면 그것을 쓰지 않고 우표를 사서 대지에 붙였다가 그것이 10전이 되면 우편국으로 가지고 가서 저금통장에 기입하는 것을 권장하였다. 이것은 아마 총독부의 방침인 듯 학교 선생님이 생도들을 선동하여 저금을 많이 하는 생도들에게는 칭찬을 하면서 시험 성적을 올려줌으로 나이 어린 생도들은 선생에게 칭찬을 듣기 위해 경쟁적으로 우표를 사 모으는 데 열중하였다. 그리하여 세뱃돈이 생기든지 혹시 사랑방에 온 손님이 잔돈푼을 주면 그렇게 먹고 싶던 눈깔사탕도 사먹지 않고 우편국으로 달려갔다.

하루는 우표가 하나 가득 붙은 대지를 몇 장 가지고 예금통장에

써넣으려고 학교 근처 관훈동에 있는 우편국으로 갔더니 "1전을 우습게 아는 자는 1전에 운다."는 일본말로 된 저축 장려 표어가 붙어 있는 하얀 벽 앞에서 우편소장의 아내인 듯한 중년의 일본 여자가 앞가슴을 풀어헤치고 어린애에게 젖을 빨리면서 사무를 보고 있었다. 조그만 창구로 저금통장과 대지를 함께 내밀었더니 바로 그 순간에 머리를 숙이고 무엇인가 분주하게 쓰고 있는 소장 부인 옆에서 있던 겨우 5,6세 밖에 되지 않는 어린애가 무슨 이상한 것이나 본 것처럼 "오카상, 요보가 기다요..."(어머니 조선 사람이 왔어요)라고 하였다. "요보"라는 말은 "여보"라는 한국어가 와전된 것인데 그 말 자체는 조금도 나쁠 것이 없지만 언제부터 어찌된 셈인지 일본인들이 한국인을 멸시하는 뜻으로 써 왔기 때문에 자연 어린아이까지 "요보"는 한국인의 대명사로 알아왔던 것이다. 그것은 마치 일본인들이 중국인을 "짱꼬로", 러시아 사람을 "노스께"라고 하는 것과 마찬가지였고, 우리도 일제하에 있으면서도 일본 사람을 "왜놈"이니 "짜개발"이니 하고 업신여겼으니까 조금도 이상할 것은 없었지만 나는 그 어린애가 놀란 표정으로 "오카상, 요보상가 기다요"라고 제 어멈의 소맷자락을 흔드는 것을 보자 무슨 큰 모욕이나 당한 듯 어린 마음에도 분한 생각이 들어서 저금이고 무엇이고 다 집어치우고 그대로 집으로 돌아왔던 일이 생각난다.

이것은 내가 나이를 먹은 뒤에 안 일이지만 광화문 우편국이나 경성(중앙) 우편국 같은 큰 곳은 체신부(해방 전에는 국)에서 직접 운영을 했지만 시내 각처에 흩어져있는 조그만 우편국은 3등 우편국이라고 해서 체신국을 정년퇴직한 일본인 관리 퇴물이 청부를 맡아서 경영하였다. 따라서 3등 우편국은 대개 목조 2층 건물로 위층에서는 살림을 하고 아래층에서는 우편 사무를 보는데 국장은 남편이요, 사무원은 아내가 되어서 한 가족끼리 우편국을 경영하는 것이 보통이었다.

나는 이동 경찰과 일본 헌병에게 중국인들이 당하는 멸시와 모욕을 보고 문득 수십 년 전 소년 시절에 내가 직접 당했던 일이 생각나서 초록은 동색이라는 느낌과 함께 병신과 같은 일본인이 도리어 불쌍하게 생각되었다.

입으로는 아시아는 하나니 대동아 공영권이니 하고 큰소리를 치면서도 실제로는 극히 사소한 일로 아시아 각 민족에게 도리어 반감만 사는 일본이라는 국가와 국민이 몹시 가엾게 여겨졌기 때문이다.

어버이의 마음을 자식이 모른다고 할까? 그때의 일본은 강력한 연합국을 상대로 사투를 하고 있었건만 말단의 순경이나 헌병은 국가의 운명은 아랑곳없다는 듯이 지나친 우월감과 이유 없는 멸시로 이웃나라 사람들의 반감만 사니 이래가지고는 전쟁에 이기기는 고사하고 나라도 잘되려야 될 수가 없는 것이 아닌가? 그 점은 과거 일본에 유학한 일이 있는 중국인이나 한국인이 더 일본에 대한 감정이 좋지 못하며 일본의 관청이나 일본인과 함께 생활한 사람일수록 배일사상이 더 왕성했으니 이것은 무릇 일본인의 불치의 병이라고 할 소위 섬나라 근성과 편협한 차별 대우 때문이라고 할 수 있다.

헌병에게 끌려갔던 중국인 단장은 곧 풀려 나왔으나 중국 단원들의 불만은 이만저만한 것이 아니었다. 그런데 시모노세키에서 기차로 바꾸어 타고, 그 이튿날 아침 동경역에 도착해보니 카키색 국민복을 입은 각 관청의 관리며 정복의 군인들이 많이 나와서 일장기와 북경에 따로 수립된 화베이 정권의 새 국기를 흔들면서 만세를 부르는 데 나를 환영해서 그럴 까닭은 없고 북경에서 오는 친선 사절단을 마중 나온 것임을 곧 알 수 있었다.

나는 그 광경을 보고 어떤 연극의 한 토막을 보는 것 같아서 착잡한 생각을 금할 수가 없었다.

왜 죽으러 가라느냐

동경에 도착하여 보니 불과 몇 달 동안에 또 변해서 폭격으로 곳곳에 폐허가 생기고 식량이 부족하여 사람들은 고구마와 멀건 죽으로 겨우 연명을 하고 있었다.

그런 중에도 진주만 폭격으로 태평양 전쟁을 일으킨 12월 8일에는 "타이쇼호타이비大詔奉戴日"라고 해서 국민 누구나 묵도를 올려야 하고 전차가 궁성 앞을 지나갈 때에는 차장이 "지금 황거 앞을 통과 중입니다."라고 말하면서 모자를 벗고 머리를 숙이면 일반 승객들도 그를 따라서 궁성 쪽을 향하여 절을 하지 않으면 안 되었다.

바로 그 무렵에 학도병 제도가 생겨서 아직 군대에 들어가지 않은 인텔리 청년들까지 징발하게 되니 각 대학은 사실상 문을 닫은 것이나 다름없었다. 조선 청년은 그때까지는 법률상 징병의 의무가 없었으므로 일본 청년들이 군에 들어가는 때에도 그 점만은 안심이었는데, 학도병은 일본 학생은 물론 조선이나 대만의 학생들까지도 그 점만은 차별이 없이 똑같이 해야 하므로 남의 전쟁에 목숨까지 내놓는 격이 되어서 큰 문젯거리가 되었다.

당시 조선에서는 태평양 전쟁 초기에 의용병 제도가 실시되어 수천 명의 보통학교 졸업생들이 군인이 되었을 뿐 그다지 문제가 되지 않았으나 학도병은 전문학교 이상 대학생은 모조리 망라됨으로 대학생을 자제로 둔 가정에서는 누구나 사랑하는 자식이 전장으로 끌려가서 죽을 것 같아서 야단법석이었다. 그런데 그때 조선 안에는 경성제대와 법학전문과 고등상업, 고등농업, 고등공업의 5,6개 학교 밖에 없었고 "학병"에 해당하는 전문 대학생은 대부분이 일본 유학생들이므로 유학생을 둔 가정에서는 더욱 걱정이 태산 같았다.

일본에 가 있는 한국 유학생들은 동경의 각 대학에만 수천 명이 있었는데, 일본 군부에서는 자꾸 격감하는 병력을 보충하고 가장 부족한 간부 후보생을 만들기 위해서 일본인 대학생은 물론 조선과 대만의 학생들까지 모조리 데려갈 계획을 하였다. 그리하여 만일 소집에 응하지를 않으면 체포와 구금까지 하였는데 그 점을 조선에서는 가장 우려하였다.

평소에는 센징 혹은 요보라고 하여 갖은 천대와 차별을 다하다가 전쟁이 나서 병력이 부족하니까 이번에는 전쟁에 나가서 죽어달라고 하면 누가 기꺼이 그것에 응하겠는가? 그리하여 소환장을 받은 학생들은 모두 숨어버리고 부모들도 시치미를 떼게 되자 일본 군부와 경찰에서는 집집마다 찾아다니며 자식을 내놓으라고 야단을 쳤으며 그래도 안 되니까 나중에는 경찰서나 헌병대로 학부형을 데려다가 갖은 협박과 공갈을 다하였다.

그래도 말을 잘 안 들을 때는 학병으로 안 나간 죄로 극히 위생에 해로운 시멘트 공장이나 지옥과 같은 광산으로 보내므로 대학생을 자제로 둔 부모들은 이러나저러나 큰 걱정이 아닐 수 없었다.

이것은 나중에 판명된 사실이지만 그 시대에 학병을 거부했다가 진남포에 있는 시멘트 공장으로 끌려가서 중노동에 종사하던 중에 폐병에 걸려 죽은 학생도 있었으므로 한국에 있는 부모들은 경찰과 헌병의 협박 공갈에 견디다 못해 일본에 가있는 아들이나 조카에게 가족까지 못살겠으니 어쨌든 학병을 지원하라고 두 번 세 번 자꾸 전보를 쳤다.

그렇건만 학병을 지원하는 학생의 수효가 좀처럼 증가하지 않자 조선 총독부에서는 초조하다 못해 이번에는 조선의 소위 명사라는 사람들을 일본으로 파견하여 학병을 거부하는 유학생들을 설득시키도록 하였다.

그래서 최남선, 장덕수, 이광수, 최린 등 여러 사람이 동경에 도착하였는데 그들은 우선 간다바시 옆에 있는 이마시로라는 여관에 짐에 풀고 어느 날 오후 메이지 대학 강당에서 강연회를 개최하였는데 수천 명의 청중은 전부 대학의 한국 학생이었고 연설의 제목은 "세계 정세와 아시아의 장래"라는 것으로 요컨대 젊은 대학생들도 국가와 민족의 장래를 위해서 이번 전쟁에는 적극 협력해야 된다는 것이었다.

그날 밤 나는 본국에서 파견된 분들을 만나려고 여관으로 갔더니 어지간히 넓은 응접실에는 우리 유학생이 벌써 오륙십 명이나 와서 조국에서 온 분들을 둘러싸고 질의응답을 계속하고 있었다. 옆에서 듣고 있자니 이야기의 핵심은 "무엇 때문에 또 누구를 위해서 죽으러 가라는 것이냐"는 것이었다. 학생들의 처지로는 당연히 합당한 질문이었다. 그에 대해서 본국에서 온 사람들은 소위 타의로 왔든 자의로 왔든 자못 민망하고도 난처한 표정으로 "어쨌든 전쟁에 나가서 일본군에 들어가 싸워준다면 그 결과는 무엇이고 우리에게 돌아올 것이 있지 않겠느냐"는 것으로서 노골적으로 말은 못하나마 일본이 승리를 하는 날에는 독립은 몰라도 적어도 자치 정도는 얻을 것이 아니겠냐는 것이었다. 그렇다 치면 극도로 흥분한 학생들은 "그것을 누가 또 어떻게 보증하겠느냐?"고 묻고 "지금까지 사람다운 대우를 하지 않고 들볶기만 하다가 일이 급하게 되니까 전쟁에 나가서 죽으라는 말이냐?"고 노골적으로 불평을 토하고 개죽음은 하기가 싫다고 하였다.

그날 그 좌석에는 학생들 틈에 형사들도 여러 사람 끼어 있을 뿐더러 여관 주위에도 수많은 경관이 배치되어 있었으므로 본국에서 온 사람이나 학생이나 흉금을 탁 터놓고 이야기는 못했으나 어쨌든 전장에 나가기만 하면 반드시 무슨 보상이 있으리라는 것과 어차피 전장에 나갈 바에는 꼭 어떤 보상을 주겠다는 보증이 있어야만 되겠다는 두 갈래 의견이 있는 듯하였다.

그러나 그런 문제에 대해서는 누구나 책임을 지고 보증할 수도 없는 일이므로 그날 밤의 회합은 흐지부지 끝나고 말았고 일본에 파견된 사람들도 알맹이 없는 이야기만 되풀이했을 뿐 아무 효과도 없이 본국으로 돌아가고 말았다.

그 후 동경 유학생들은 강약이 부동으로 결국 대부분이 제1선으로 끌려갔는데 그 중 만주나 북지로 간 학생 중에는 부대를 이탈하여 결사적으로 장장 수만 리 길을 탈주하여 멀리 임시 정부가 있는 충칭으로 가서 광복군에 편입된 사람도 많았는데, 전 국회의원으로 사상계 주간이던 고 장준하도 그 중의 한 사람이었다.

그와 같이 천신만고해서 붙들려간 조선의 학도병이 자꾸 달아나고 그때까지는 비교적 성적이 좋다던 지원병도 점차 그 수효가 줄어들 뿐더러 일본의 각 공장과 광산으로 데려간 수백만 조선의 징용군들도 노동과 학대에 견디다 못하여 직장에서 도망치는 사람이 속출하게 되니 그러한 현상을 통계로 보고 알게 된 총독부에서는 이것은 조선의 인심이 일본에서 완전히 이탈되었기 때문이라고 하여 "어떻게 하면 조선인으로 하여금 전면적으로 전쟁에 협력케 하느냐?"라는 문제로 연일 구수회의만 거듭할 뿐이었는데 하루는 동경에 있는 나에게 아사히 신문 경성 지국장 이슈우인으로부터 급히 상의할 일이 있으니 곧 서울로 와달라는 전보가 왔다.

이슈우인은 본시 경성일보 기자로 서울에서 활약하다가 동경 아사히 신문에 스카우트된 사람으로 나하고는 상당히 친한 사이였다. 유능한 기자로 인품이 점잖은 이슈우인이 일부러 전보까지 쳤을 때에는 심상치 않은 일이라고 생각한 나는 예정을 당겨서 즉시 서울로 돌아왔다.

급기야 이슈우인 지국장을 만나보니 상의할 일이라는 것은 다름 아니라 당시의 정무총감 엔도가 어찌하면 조선인의 인심을 잘 무마해서 전쟁에 협력케 할까하고 그 방안을 이슈우인 기자에게 자문한 결과 우선 정치적 색채가 없는 순수한 사람들로부터 총독 정치에 대한 솔직한 불평과 불만을 다 들어 본 뒤에 지금까지 잘못된 것을 시급히 고치는 것이 상책이라고 진언한 결과로 우선 소위 순수한 사람을 몇 사람 추천하게 되어 나까지 그 속에 포함시킨 것임을 알았다.

그리하여 어느 날 저녁 나는 이슈우인을 따라 필동에 있는 정무총감 관저(지금 "한국의 집")로 갔었는데 관저에 당도해보니 응접실에는 벌써 나도 잘 아는 변호사와 실업가가 한 사람씩 먼저 와있었는데 그들은 양심적 민족주의자로 알려진 사람들이었다.

이윽고 정무총감이 들어와서 자리에 앉으며 다과를 권하면서 "오늘은 무슨 문제든지 좋으니 기탄없이 말해 달라"고 하면서 이 자리에서 나온 이야기에 대해서는 내가 모든 책임을 지겠으니 안심하고 솔직히 말해주기 바란다고도 하였다. 즉 귀에 거슬리는 말을 해도 문제를 삼지 않고 신분을 보장한다는 것이었다. 그날 모 변호사는 먼저 정치라는 것은 무릇 힘만 가지고는 아니 되며 첫째 도의와 양심을 가지고서 해야 되고 인정을 베풀어야 한다는 점을 강조하고 그러한 의미에서 창씨와 학병과 징용 같은 것을 무리하게 강요하지 말 것을 주장하였다. 정무총감은 의자에 앉은 채 두 눈을 감고 듣고만 있었는데, 다음에 나는 차별 철폐의 한 실례로 소위 가봉 문제를 가지고 이야기했다.

가봉이라는 것은 경술국치 후 조선 총독부를 만들 때에 일본인 관리에 대해서는 특히 조선인 관리보다 봉급의 6할, 즉 60%를 더 주게 되어있었다. 그것은 초창기의 총독부에는 일본의 관리들이 부임하기를 꺼려했으므로 우수한 행정관을 데려오기 위해서는 그렇게라도 해서 우대할 수밖에 없었던 것이다. 그것은 호랑이 담배 피우던 시절의 이야기로 그때는 조선에 가면 "호랑이가 나온다.", "치안이 어지러워서 생명이 위험하다."는 등 말이 있었겠지만 지금은 호랑이도 안 나오고 물자도 풍부하고 저렴해서 일본 소위 내지보다도 오히려 생활하기가 더 편한데 무엇 때문에 지금도 일본인 관리에게는 6할의 가봉을 더 주는가? 이것은 무슨 일본인이 봉급을 더 받는 것을 시기해서가 아니라 가봉 문제는 차별 대우의 상증으로 모든 불평불만의 근원이기 때문에 특히 말하는 것이다.

더구나 지금은 전시로 내선일체니 동근동조니 일억일심이니 하여 국민의 총화단결을 호소하지만 가봉 제도를 그대로 두고 모든 것을 그런 식으로 차별 대우를 하면서 덮어놓고 전쟁에 협력을 하란다면 누가 하겠는가? 이번에 동경에서 보니까 유학생들이 학병을 거부하는 이유의 대부분이 무엇 때문에 죽으러 가라느냐는 것이었다.

그렇다면 조선인으로 하여금 전면적으로 전쟁에 협력케 하려면 우선 관리의 가봉 제도부터 철폐하고 "요보"라고 해서 조선인이라고 하면 덮어놓고 멸시하고 차별하는 그 잘못된 태도부터 시정해야 될 것이다. 그래도 일본인의 가봉을 없앨 용의는 없는가라고 물었다. 바로 그때에 당게 경무국장이 옆방으로부터 슬그머니 들어와 앉았다. 경무국장은 사람을 잡아가두는 권력자로 총독부 관료들의 중심적 인물이므로 관리들의 가봉을 없애라는 이야기를 할 즈음에 돌연 그가 나타났다는 것은 무언의 압박을 주는 것 같아서 재미가 없었다. 그래서 방안의 공기가 갑자기 냉랭해지자 합병직후 데라우치 총독을 따라서 한국에 왔던 노련한 엔도 정무총감은 벌써 알아차리고 "경무국장이 있어도 아무 상관없으니 안심하고 이야기를 계속하시오."라고 하면서 관리의 가봉 문제는 실로 조선 통치의 암으로서 역대 총독이 여러 번 그 제도를 시정하려고 했지만 관료들의 반대로 번번이 실패를 했노라고 실토를 하면서 지금부터라도 꼭 실현되도록 노력하겠다고 하였다.

과거 사이토 총독과 우가키 총독 시대에 한차례씩 가봉을 철폐할 계획을 세운 일이 있었으나 총독부 관리들의 총반대로 실패를 한 것은 사실이었다. 총독부에서 관리의 가봉을 없앨 계획을 하고 있다는 소문이 한번 퍼지면 조선의 일본인 관리들은 총궐기해서 가봉 철폐는 자기들의 사활 문제라고 하여 동경의 영향력 있는 윗선에 진정을 하는 한편 저희들의 상전인 총독과 정무총감에 대해서도 공공연하게 반대를 표명하여 모처럼 좋은 정책을 실행하려는 총독부도 자기들의 수족인 관료들의 강력한 반발에는 어쩔 수가 없어서 가봉의 철폐안은 번번이 그 계획 자체를 포기하지 않을 수 없었다. 국가의 이익이나 정책을 위하는 것보다도 관료들에게는 관료 자신들의 이익이 제일이기 때문이니 과거 일제를 망하게 한 것은 다름 아닌 군벌과 관료들 때문이라고 할 수 있다.

내가 가봉 문제로 한참 열을 올리고 있을 때 옆에 있던 경무국장은 아주 못마땅한 표정으르 "지금이 어느 땐데 가봉을 없애는 일이 그리 급하냐?"고 커다란 눈망울을 굴려서 또 한 번 좌중을 무색케 하였다. 그 자도 역시 관료의 거두였던 것이다.

그것은 어쨌든 일본 관리의 가봉 문제는 그것이 분명히 큰 모순인 것을 저희들도 잘 알면서도 관료 자신들의 조그만 이익 때문에 일제는 영영 그것을 철폐하지 못하고 망했으며 역사적으로 엄연히 조선 민족이 따로 있는데도 끝끝내 그것을 인정하지 않고 소위 억지 춘향으로 동근동조만을 고집하다가 망한 것은 역시 일본인들의 협소한 섬나라 근성 때문이었다.

불치의 섬나라 근성 – 어느 노장군의 경고

일본은 섬나라이므로 일본인에게는 섬나라 근성이 있다고 한다. 즉, 중국이나 러시아 같은 대륙의 사람들은 도량이 넓고 행동이 너그러운 반면 섬사람들은 대개 마음이 좁고 소갈머리가 없기 때문이니 소위 "시마구니 곤죠島國根性"는 일본인의 가장 큰 결점이다.

일본인은 부지런하고 약삭빠르고 경우가 밝은 것으로 유명하다. 그러나 그 모든 장점도 도국근성 때문에 "십 년 공부 나무아미타불"이 되고 도리어 남의 오해를 받는 수가 많은바 그것은 과거의 역사를 돌이켜 보면 잘 알 수가 있다.

메이지 유신에 성공한 일본이 70여 년 동안 심혈을 기울여 쌓아 올린 대일본 제국이라는 금자탑을 하루아침에 무너뜨린 것도 따지고 보면 도국근성 때문으로 일본이 태평양 전쟁에서 패배한 것은 속담의 "하룻강아지 범 무서운 줄 모르는" 격으로 깜냥 없이 미영 등

연합국에 싸움을 건 데 있다고 하겠으나 그보다도 더 큰 원인은 대동아 전쟁이라고 자칭하면서도 정작 대동아 각 민족의 지지를 얻지 못하고 도리어 반감을 산 데 있다.

일본과 가장 인연이 깊고 또 가장 가까운 나라인 한국에 대한 정책만 보더라도 한일합방을 하기 전에는 소위 일시동인으로 한국 사람도 일본 사람과 똑같은 대우를 하겠다더니 합병이 된 뒤에는 금세 본색을 드러내서 순사의 월급까지 차별을 하였으며 한국 사람을 "요보"(여보의 와전)라고 해서 세상의 좋지 못한 것, 어리석은 것 그리고 추잡한 것 등은 모두 "요보"의 짓으로 단정하였다. 그러면서도 조선 통치의 슬로건만은 그럴 듯하여 합방 이전에는 "일한친선"이던 것이 합방 직후에는 "일선융지"로 변하고 조선 총독부의 지반이 차차 굳어지자 갑자기 "내선융화"로 변하더니 전쟁이 점점 가열되자 이번에는 또 "내선일체"로 변해서 일본 민족과 조선 민족은 뿌리와 조상이 같으니 성명까지 일본식으로 고치라는 소위 창씨개명을 강요하였다. 한국과 일본은 근본적으로 역사가 다른데 어떻게 갑자기 수천 년 전의 고대에까지 거슬러 올라가서 동근동조가 될 수 있단 말인가?

그뿐 아니라 한국의 고유 한글과 말 그리고 풍속까지 말살하려고 드니 과거의 조선 문화가 일본 문화보다 훨씬 앞섰던 사실을 생각하면 그야말로 새끼 병아리가 어미닭을 잡아먹으려는 것으로 제아무리 친일파라 하더라도 도저히 따라갈 수가 없는 일이었다.

해방되던 해, 즉 1945년 정월에 나는 동경에 있었다. 간다에 있는 한국 YMCA에 사무소를 두고 〈조선화보〉라는 잡지를 내고 있었는데 그때는 벌써 B-29의 공습이 치열해져서 동경의 거리가 군데군데 폐허로 변하여 나도 필경 동경을 떠날 결심을 하였다.

당시 일본의 형편이란 말이 아니어서 패전은 이미 기정사실로 보였으나 헌병과 경찰이 무서워서 아무도 패전을 말하는 사람이 없었다. 그래서 일본은 과연 언제 손을 들 것인가? 미 공군의 폭격과 미 함대의 함포 사격만으로 항복할 것인가? 그렇지 않으면 미 육군의 상륙 작전이 있은 후 최후의 일병까지 죽고 나서야 손을 들 것인가가 최대의 관심사였다. 그러나 어쨌든 그 시기만은 미리 알아둘 필요가 있었다.

그래서 나는 귀국하기 전에 "이시하라 간지" 중장을 찾아보기로 하였다. 이시하라 중장은 전략이 뛰어나서 일본의 나폴레옹이라는 말을 듣던 군인으로 동아연맹의 지도자이기도 한데 도죠 수상의 전쟁 방침에 반대하다가 고토 사단장을 파면당한 후 예비역이 되어서 그의 고향에서 은거 중인 사람이었다. 그는 두뇌가 명석할 뿐더러 비록 예비역이 되었다고 해도 일본 군부의 최고 지도자임에는 틀림없으므로 그를 한번 만나보기만 하면 전쟁의 귀추쯤은 잘 알 수가 있을 것 같았다. 그래서 나는 동경을 떠나는 바로 전날에 "스루오카"라는 동북지방으로 그를 찾았다.

내가 이시하라 중장을 만나는 것은 그때가 두 번째였다. 처음 만난 것은 1931년 소위 만주 사변 때에 그가 관동군 작전 참모로 있을 때였다. 나는 조선에서 파견된 신문 특파원으로 펑톈(센양의 옛 이름)에 있던 관동군 사령부에서 그를 만나 만주 사변으로 애꿎은 조선 농민들만 희생된다는 이야기를 하고 만주에 이주해온 조선 농민의 구호를 호소해서 약간의 도움을 받은 일이 있었다. 그러나 벌써 십수 년 전의 일이므로 나를 잘 기억하고 있을까하였더니 그는 선뜻 나를 알아보고 이 추운 날씨에 웬일이냐고 의아한 표정을 지으면서도 반가이 맞아주었다. 그래서 첫 인사가 끝난 다음 나는 단도직입적으로 "어떻습니까? 전쟁의 귀추는?" 하고 물었다. 그는 한참 나의 얼굴을 물끄러미 쳐다보고 나서 두 무릎을 꿇더니

"나는 비록 예비역이긴 하지만 아직 일본 제국의 군인이요. 일본의 군인이 말하기는 차마 어려운 일이나 솔직히 말해서 이번 전쟁은 졌소이다."

나는 그의 솔직한 태도에 머리가 수그러졌다.

이윽고 그는 일본의 연합 함대는 이미 괴멸되어 아무것도 없다는 것과 도죠 미친놈 때문에 일본이 망하게 되었다는 것을 이야기 하고 나서 그때에 벌써 원자탄의 존재를 처음으로 말해주어서 나는 큰 감명을 받았다.(히로시마에 원자탄이 떨어진 것은 그해 8월 일이다.)

그리고 그 모든 이야기보다도 나를 더욱 크게 감명시킨 것은 다음과 같은 구절이었다.

“이렇게 말하면 역설로 들릴지 모르나 이번 전쟁에 일본이 지게 된 것은 참 잘된 일이라고 생각합니다. 일본은 메이지 유신 이후로 전쟁을 하면 진 적이 없어서 어느 틈에 자만심이 하늘을 찔러 사람을 사람으로 알지 않고 주제넘게 되었기 때문에 결국 힘에 겨운 전쟁을 일으켜서 이 모양 이 꼴이 된 것입니다. 그러므로 한 번 전쟁에 져서 혼이 나야만 정신을 차리지 만약 이번 전쟁에 이긴다면 그때는 정말 일본 민족은 영구히 망하고 말 것이니, 일본인을 반성시키고 재생시키는 의미에서 나는 패전을 도리어 기뻐하는 바입니다.”

이시하라 중장은 자국의 패전을 보고나서 그 이듬해 세상을 떠났다고 하거니와 그때 그의 말은 지금도 나의 귓속에 역력히 남아있다. 그러나 노장군의 말과 같이 일본인은 패전 후 과연 얼마만큼이나 반성했을까? 민족 감정으로 일본인 깡패를 여러 명 쏘아죽인 김희로 사건 때 어떤 일본 형사가 말끝마다 “조선놈”이라고 멸시의 말을 했다는 것과 동경 입국 관리청의 모 과장이 걸핏하면 조선인은 조선으로 돌아가라고 해서 문제가 된 것을 보면 이시하라 중장의 말이 다시금 생각난다. 지하의 노장군의 감회는 과연 어떠할까?

쑨원과 황싱 – 중국 유학생은 혁명에 열중

중국은 4백 여 주의 큰 나라로 통일 한국의 60배나 되는 영토를 가지고 십수 억의 인구가 있어 유사 이래 일찍이 통일된 일이 없었고 군웅할거의 전국시대가 오래 계속된 때문에 인민들은 항상 군벌의 착취와 끊임없는 전란에 말할 수 없는 시달림을 받아왔다.

그러던 것이 지금으로부터 약 90년 전에 중국 혁명의 아버지 쑨원과 그 일당이 혁명의 봉화를 높이 든 뒤로부터 세계의 대국을 자랑하던 대청 제국도 필경 기울어지기 시작하였다.

쑨원은 순얏센孫逸仙이라고도 하며 1886년 광둥성 샹산현의 가난한 농부의 집에서 태어나 열네 살 때에 그의 형을 따라 "하와이"로 이주하여 의사가 된 사람인데 본업인 의사보다도 정치 운동에 더 열중하여 "흥한회興漢會"를 조직한 후 일생을 중국 혁명에 바친 선각자인바 민족주의, 민권주의, 민생주의를 합쳐 삼민주의를 창안해 냈으며 영국 런던에 망명 중에는 일시 청국 공사관에 감금된 일이 있어 "순얏센 런던에서 납치되다Sun Yat Sen Kidnapped in London"라는 신문 기사로 국제간에 큰 문제가 되어 겨우 풀려난 일도 있었다.

1920년 경-그때는 벌써 대청 제국이 붕괴되어 없어졌건만 만주와 화베이와 산시 등지에는 구 군벌들이 여전히 남아있어 통일의 방해가 되므로 쑨원, 장제스 일파의 국민 정부에서는 드디어 북벌을 결심하였다.

그리하여 난징에서 출발한 혁명군과 베이징에서 출발한 구 군벌 사이에는 도처에서 격전이 벌어져 중국 근대 역사상 처음 되는 큰 내란이 일어나게 되었는데 혁명군은 승승장구하여 파죽지세로 북경까지 올라가니 어떤 군벌은 항복하고 또 어떤 군벌은 귀순하여 대망의 북벌은 성공하였고 중국은 비로소 통일의 대업을 완수하였다.

대청 제국은 1908년 11월에 광서 황제가 죽고 나이 어린 선통제(후일 만주국의 부의 황제)가 그 뒤를 계승하였는데 실지로 권력을 행사한 것은 그의 어머니 서태후였다. 그 사이 1894년에는 청일 전쟁이 일어나고 1919년에는 의화단 사건(영국을 중심으로 한 외국인을 배척하는 폭동)이 일어나 수도 베이징에까지 연합국 군대가 쳐들어와서 인심이 흉흉한 중 정치마저 극도로 부패하여 대청 제국의 붕괴는 오직 시간문제였다.

그 무렵에 일본 동경에는 수많은 중국 유학생과 망명을 해온 지사들이 뭉쳐서 중국 혁명 동맹을 결성하고 기관지로 〈민보民報〉를 발행하는 등 눈부신 활약을 했는데 그 중심인물은 황싱黃興, 왕자오밍汪兆銘, 젠베이陳白, 정스량鄭士良, 장지張繼, 쑹자오런宋敎仁, 다이덴처우戴天仇, 후한민胡漢民 등이었다.

그 중에도 황싱은 후일 신해혁명이 성공한 후 대원수가 된 만큼 당시 일본 망명객 중의 거물로서 중국 혁명이 성공을 거두게 된 것은 역시 그 후 일본으로 망명해온 쑨원과 황싱과의 합작으로 비로소 이루어진 것이었다. 그때 동경에는 대청 제국의 공사관이 엄연히 존재해 있었고 일본 정부도 대청 제국의 편을 들어서 항상 중국 유학생이나 망명객들의 동태를 엄중히 감시하고 있었을 뿐더러 혁명 운동에 필요한 자금마저 고갈되어 말할 수 없는 고난을 당했으나 천신만고 끝에 필경 숙원을 달성하게 된 데에는 일부 일본 낭인들의 의협심에 힘입은 바가 적지 않았다. 그 중에도 미야자키 도텐이라는 낭인은 항상 섬나라 일본에 태어난 것을 한탄하여 중국 대륙으로 가서 웅비할 것을 꿈꾸던 중 우연한 기회에 망명 중의 쑨원을 알게 되어 그를 도와서 일생을 중국 혁명에 바친 사람인데 그가 남긴 〈33년의 꿈〉이라는 자서전을 보면 쑨원의 인격에 감화되어 사재를 털어가며 중국 혁명에 심혈을 바친 경위를 소상하게 기록하였으며 그보다 먼저 일본에 망명 중인 김옥균을 찾아갔던 이야기도 흥미롭게 쓰고 있다.

“그것은 1894년 여름의 일인데 나는 신문에서 조선의 지사 김옥균이 혁명(갑신정변)에 실패한 후 일본에 망명해온 것을 알고 동경의 남쪽 시나가와 해안에 있는 어느 여관으로 김옥균을 찾아갔다. 때마침 선객이 여러 사람 있어서 좀처럼 이야기를 꺼내지 못하다가 ‘3천 리나 떨어진 머나먼 규슈에서 내가 일부러 여기까지 온 것은 오로지 선생께 긴히 상의할 일이 있기 때문’이라고 말했더니 김은 잘 알았다며 선객이 다 간 뒤 하녀를 시켜서 어선을 불러오게 하였다. 단둘이 비밀히 이야기할 기회를 마련해 준 것인데 어선이 바다로 나가자 나는 절호의 기회라고 생각하여 즉시 나의 속마음을 털어놓았다. 즉, 동양 3국에서 일본과 조선은 다 같이 작은 나라지만 청국은 60여 주의 큰 나라이다. 그러나 대청 제국은 부패하여 붕괴 직전에 있고 그 사이 대영 제국 등 서양의 강대국들이 침략을 개시하여 이대로 가다가는 영토를 유지하기가 어렵게 된 것 같다. 그것은 영국이 아편 전쟁을 일으켜서 홍콩을 강제로 빼앗아 조차지로 삼고 상하이와 톈진 등 유수한 항구에는 영국, 프랑스, 이탈리아, 일본 등 여러 나라에서 조계을 두어 치외법권을 행사하고 있는 것만 보아도 잘 알 수 있는 일이다. 만일 청국이 망한다면 조선과 일본도 독립을 유지할 수가 없을 것이니 지금은 조선이나 일본이나 사소한 국내 문제에만 집착할 것이 아니라 중국의 국권을 보전하고 그의 혁명을 달성케 하는 것이 급선무가 아닐까? 그러니 선생과 같은 큰 인물은 사소한 조선 문제에만 몰두하실 것이 아니라 눈을 대륙으로 돌려 동양 전체의 복리를 위하여 활약하심이 더 좋지 않을까 생각합니다라고 했더니 김옥균도 찬성의 뜻을 표하면서 그렇지 않아도 나도 깊이 생각한 바가 있어 청국의 북양대신 리훙장과 담판하려 곧 상하이로 떠나게 되었으니 만사는 내가 상하이에서 돌아온 뒤에 다시 만나서 이야기하기로 하였다. 나는 그 말을 듣고 하늘에나 올라갈 듯이 기뻤다. 오랫동안 꿈꾸어 오던 일이 비로소 성과를 보게 된 데 대한 기쁨이었다. 그리하여 즉시 고향집으로 돌아와서 김옥균으로부터 기쁜 소식이 오기만 일각이 여삼추로 고대하였다. 그런데 이게 웬일일까? 어느 날 신문을 보니까 상하이로 건너간 김옥균은 그를 따라온 자객 홍종우에 의해서 암살되었다는 기사가 크게 났다. 그야말로 청천벽력이었다. 반신반의 하던 중에 김옥균의 서생인 와다 청년으로부터 '아보지 신다'(아버지 죽었다)는 전보가 와서 김옥균의 암살은 이제 의심할 수 없게끔 되었으며 나의 크나큰 희망과 꿈은 하루아침에 일장춘몽이 되고 말았다. 그 후 동경 아도야마 묘지에서 거행된 김옥균의 장례식에는 천하의 명사를 포함하여 수천 명의 조문객이 운집하였는데 나는 거기서 김옥균을 숭배하는 여러 유력한 인물들을 알게 되어 후일 중국 혁명에 가담할 기틀을 얻기에 이르렀던 것이다. 1889년의 일이다."

미야자키 도텐이라는 인물은 남쪽 지방의 출신답게 의협심이 강한 열혈남아로서 쑨원과 황싱에 심취하여 극도로 빈궁한 가운데서 중국 혁명을 위하여 동분서주하다가 1922년 2월6일 동경에서 병사했는데 그때 그의 나이 53세였다. 그보다 먼저 황싱은 1916년 상하이에서, 쑨원은 그 후 1925년 베이징에서 각각 사망하였는데 중국 혁명은 그 훨씬 후인 1930년대에 이르러서야 장제스 총통의 국민 정부에 의해서 비로소 완성되었다. 그러나 일본군이 일으킨 만주 사변으로 중국은 또다시 전면 전쟁에 휘말리게 되었으며 항일 전쟁을 하는 동안 소련의 후원을 받은 중국 인민 해방군의 승리로 장제스 총통은 부득이 국민 정부와 더불어 대만으로 쫓겨 갈 수밖에 없었다. 그야말로 십 년 공부 나무아미타불이 된 셈인데 이는 모두 1945년 일제가 태평양 전쟁에서 패망한 뒤의 일이다.

어느 유학생의 이야기 – 〈모던 일본〉 사장 마해송

마해송은 내가 가장 존경하고 또 좋아하는 친구이다. 그는 동화작가로 또는 수필가로 우리 문단의 대표적 존재이지만, 나는 고고하고도 깔끔한 그의 인품을 존경하고 사랑한다. 그는 개성 사람으로 일찍이 동경에 유학하였고, 학교를 나온 뒤에는 우연한 인연으로 일본에서 잡지를 발행해서 한국 사람이면서도 한때는 일본의 잡지왕으로 군림하였다.

〈모던 일본〉은 해방 전에 그가 동경에서 발행하던 잡지인데, 발행부수가 매월 7,80만 부나 되어서 당시 일본에서도 가장 잘 팔리는 잡지였다.

마해송은 서울 교외에서 고이 잠들어 있는데 이것은 그의 전성시대인 동경에서 있었던 일이며, 또 한 사람은 해방 후 일본에 귀화한 장모에 관한 이야기다.

1936년경의 일이다. 소위 지나 사변을 일으켜서 중국을 침략한 일제는 그 여세를 몰아 한국의 고유한 역사를 말살하고 백성들의 성명까지도 빼앗아가려고 하였다. 그리하여 경술국치 직후에는 상근일가桑槿一家라고 해서 일한친선을 부르짖더니 그것이 어느 틈에 내선융화가 되고 대륙 침략을 하게 되자, 이번에는 또 그것이 동근동조로 변해서 소위 창씨제도로 조상 때부터 전해 내려오던 성명까지도 빼앗아 마침내는 조선을 반도로, 조선인을 반도인으로 부르게까지 이르렀다.

그 무렵에 나는 동경으로 갔다. 해외로 망명도 못하고 감옥살이도 해본 일이 없는 나였지만 조상이 전해준 이름까지 빼앗아 간다는 데는 그저 가만히 있을 수가 없었다. 당시의 조선은 일본의 식민지이므로 언론의 자유가 없어서 마음대로 신문을 발행할 수가 없었으나, 소위 내지라는 그들의 본국에서는 누구나 보증금만 내면 신문지법에 의한 출판물을 낼 수가 있었기 때문에 나는 그런 맹점을 이용하여 동경으로 가서 자유로운 언론 기관을 하나 가져보기로 작정하였다. 당시 동경에는 수많은 잡지가 있었지만 그중에서도 〈모던 일본〉은 가장 모던한 잡지르서 대중의 인기를 독차지하고 있었다. 그런데 그 잡지사의 사장이 바로 마해송이었다. 일제의 탄압이 극심해서 일본인이 아니고는 사람 노릇을 못하던 그 판국에 일본의 수도인 동경에서 한국 사람이 잡지를 발간하고, 일본의 대중들이 그것을 제일 많이 사서 본다고 하니 얼마나 통쾌한 일이란 말인가? 그래서 나는 〈모던 일본〉을 볼 때마다 마음속으로 항상 반가운 마음을 금하지 못했다.

그때까지 나는 마해송을 잘 몰랐다. 다만 그가 개성 사람이라는 것과 지금은 고인이 된 소파 방정환과 함께 한국 소년 운동의 선구자로 동화 작가라는 것밖에는 별로 아는 것이 없었다. 그러나 내가 동경에 있는 동안에 차차 마해송에 대한 지식이 늘게 되었다. 즉, 그는 일본 문단의 원로이며 유명한 작가인 기쿠치 칸의 서생으로 있었는데 기쿠치가 취미로 시작한 월간잡지 〈문예춘추〉가 이외로 성공하게 되어 일본에서도 우수한 잡지가 되자 은사인 기쿠치의 권유로 마해송도 문예춘추사에서 일을 보게 되었다는 것을 위시해서 〈문예춘추〉로 재미를 보게 된 기쿠치가 두 번째로 시작한 오락 잡지 〈모던 일본〉이 몇 달 못가서 경영난으로 폐간을 하게 되자 마해송이 무슨 자신이 있었는지 '기왕 버릴 바에는 나에게 달라'로 해서 그 잡지를 맡게 되었다는 것과 맨주먹으로 〈모던 일본〉을 떠맡은 그가 어떻게 하면 좋은 잡지를 만들까 해서 자나 깨나 노심초사한 결과, 그가 경영한 뒤부터는 거짓말처럼 잡지가 잘 팔려서 필경엔 〈문예춘추〉 이상으로 〈모던 일본〉이 더 유명해졌다는 것도 알게 되었다.

당시 그가 얼마나 고심하였는가는 밤에 자다가도 무슨 좋은 생각이 머리에 떠오르면 그것을 잊어버릴까 해서 자리에서 벌떡 일어나요 위에다 연필로 써놓기 때문에 아침에 일어나 보면 하얀 요가 글씨로 새까맣게 되었다는 이야기도 있었다. 그러한 말을 들을 때마다 마해송이라는 인물에 대해서 크나큰 관심과 흥미를 갖게 되어 한 번은 꼭 그를 만나보리라고 작정하였다. 그 후 얼마 안 가서 나는 마해송을 찾아갔더니 그도 나의 이름만은 들어서 아노라고하면서 매우 친절하게 대해주었다.

마해송은 키가 작은 사람이었으나 머리가 날카롭고 얼굴이 영롱하게 생겨서 겉으로만 보아도 교양이 높은 사람임을 알 수 있었다. 그러나 아직 30대의 청년으로 앞머리가 좀 빠졌고, 그의 나이에 비해서 성격이 지나치게 가라앉은 것을 보면 무슨 정신상의 심각한 번민을 하였거나 육체상의 중병을 앓은 사람 같기도 하였다. 이것은 나중에 안 일이지만 나의 그와 같은 첫인상은 꼭 들어맞았으니 마해송은 개성 양반의 집 태생으로 십여 살 때에 벌써 초립동이로 장가를 들었으며 신교육을 받고 지각이 나면서부터 어떤 신여성과 열렬한 사랑을 하게 되었으나 완고한 가정의 반대로 다시 장가를 가지 못하고 실연의 상처를 안은 채 오랫동안 홀아비로 지내왔으며 가뜩이나 심약한 체질에 폐병까지 앓게 되어 몇 번이나 사선을 헤매다가 겨우 다시 살아나게 된 것을 알게 되었다. 말하자면 정신적으로나 육체적으로나 한번 죽었다가 다시 살아난 것이니 마치 열화의 세례를 받고 난 무쇠와 같이 그의 성격이 깐깐하고 순수한 것은 모두 그에 연유함이었다. 따라서 그는 체구는 작았지만 성품이 온화하고 침착하여서 어딘가 대인의 풍도가 있어 보였다.

당시 일본에 가 있는 조선 사람들은 백만여 명이나 되었지만 거의 대개가 식민지 백성으로 천대를 받고 있는 중에 유독 마해송만은 일본의 지식인들 틈에 끼여서 조금도 손색이 없었을 뿐더러 큰 잡지사의 사장으로 오히려 뽐내었으니 얼마나 유쾌한 이야기인가? 더구나 일본에서 사는 조선인들은 생활상 편의로 조선인인 것을 되도록 숨기려는 사람이 많았는데 일본인을 상대로 잡지를 내고 있으면서도 마해송은 언제나 "조선인 마해송"으로 행세해서 오히려 일본인들의 존경과 추앙을 받았으니 그 자신만만한 태도와 굳건한 정신에는 오직 머리가 숙여질 따름이었다. 그 후부터 나는 마해송과 친한 친구가 되었다. 그리하여 식사도 함께하고 바에도 다니면서 술을 마시는 때도 많았다.

마해송은 소년 시절에 영문도 모르고 장가를 든 때문에 초혼을 실패하였고 모처럼 만난 첫사랑도 결실을 못 보게 되자 그는 영영 결혼을 하지 않으려는 듯이 30이 훨씬 넘도록 독신 생활을 하였다. 그는 폐병으로 오랫동안 요양소 생활을 하고 사업에 골몰한 탓도 있었겠지만 잃어버린 애인에 대한 의리를 지키느라고 일부러 홀아비 생활을 고집한 듯도 싶었다. 그러나 그 깊은 사정을 알 수 없는 사람들은 남의 속도 모르고 공연히 애를 태웠다. 더구나 일본은 여자가 흔한 나라이고 당시의 마해송은 청년 사장으로 일본 문화계의 중진이므로 그를 아는 사람이나 모르는 사람이나 혼인 중매를 들려고 애를 썼다. 그뿐 아니라 여성으로 직접 프러포즈하는 사람들도 많았는데 그가 요양소에 입원하였을 때 같은 폐병으로 입원 중이던 어떤 부호의 딸은 마해송에게 짝사랑을 해서 허구한 날 꽃다발과 과실을 선사하다가 그만 그 부모에게 들켜서 그 처녀의 병은 아직 낫지도 않았건만 강제로 퇴원을 하고 말았다는 슬픈 이야기도 있다.

〈모던 일본〉은 잡지를 발행하는 출판사인 만큼 저녁때만 되면 집필자인 문사들이 많이 고여들었다. 잡지라는 것은 두말할 것도 없이 집필자가 좋아야 잡지의 내용도 좋은 법인데 〈모던 일본〉은 매호마다 일류 작가들이 원고를 쓰는 것으로 유명하였다. 그것은 물론 기쿠치 칸의 뒷받침도 있었겠지만 마해송의 인덕과 그의 관후한 태도가 그렇게 만든 것이라고 할 수 있으니, 그는 저녁마다 수많은 문사들을 데리고 바에 가서 양주를 마시고 요정에 가서 식사를 하는 것이 아주 한 일과처럼 되어 있었다. 거의 매일같이 소위 일류 작가라는 사람들과 술을 마시고 술값은 얼마든지 척척 잘 지불할 뿐더러 팁조차 후하게 주니 바의 여급이나 요정의 마담들이 그에게 큰 기대를 가지고 따른 것은 오히려 당연한 일이었다. 그리하여 수많은 여성들이 조금이라도 환심을 사서 그에게 가까이 다가가려 했지만 마해송은 마실 것을 마시고 먹을 것을 먹고는 절대로 그곳 여성들에게는 손을 대지 않았다. 그러므로 그는 술을 좋아하고 돈은 잘 쓰지만 여자에게는 관심이 없는 사람으로 유명하였다. 동경 긴자에서도 일류인 어떤 요정의 마담은 나를 보고 "마상처럼 무서운 사람은 처음 보았다"고 입에 침이 마르도록 칭찬을 하고 감탄을 한 일도 있었다.

그러한 마해송이 갑자기 약혼을 발표하게 되니 그를 아는 사람들은 모두 놀랐다. 그것은 그의 첫 애인이 이미 다른 데로 시집을 가서 행복하게 잘 살고 있다는 것을 확인했기 때문에 그만하면 자기도 안심하고 결혼할 수가 있다는 생각이 들게 되어 오랫동안의 독신 생활을 비로소 청산할 결심을 한 것인데, 그의 신부가 된 사람은 당시 다카다 무용 연구소에서 장래가 촉망되던 박외선 양이었다. 실상인즉 마해송의 은사인 기쿠치 칸도 그에게 좋은 배필을 구해주려고 그때까지 신부 후보감을 수없이 천거하였지만 번번이 굳이 사양하여 왔으므로 갑자기 약혼을 발표하게 되니 모두들 깜짝 놀랄 수밖에 없었다. 그리고 마해송은 일본에서 성공하였고 잡지의 관계자가 모두 일본인들인 만큼 누구나 그는 꼭 일본 여성과 결혼할 것으로 믿어왔는데 결국 한국 여성을 아내로 선택했다는 데에 그들은 더욱 놀란 모양이었다. 한국 남성이 한국 여성에게 장가를 가는 것은 하나의 상식이요 당연한 일이라고 하겠으나 마해송은 일본 사회에서 성장하였고 일본 사람을 상대로 사업을 하고 있는 만큼 그들에게는 자못 의외의 일로 생각되었던 모양이다.

이 한 가지 일에서도 다해송의 민족적 자부심이 얼마나 굳세었던가를 넉넉히 집작할 수가 있거니와 기쿠치 칸은 일본의 대표적 작가였던 만큼 그 제자의 마음속을 누구보다도 재빨리 알아차린 듯 마해송의 결혼식 날에는 일부러 다음과 같은 축하의 글을 써서 두방으로 꾸며 기념으로 보내왔다.

"南鳥는 擇南枝"

이것은 중국의 시인 도연명의 글에 있는 말인데, "남쪽 나라의 새는 남쪽 가지를 선택한다."는 뜻이니 마해송에 대해서 "너는 한국 사람이니까 결국 한국 여성을 골랐구나!"라고 감탄한 것이었다.

마해송과 나는 해방되던 해 정월에 폭격이 심한 동경을 떠나서 함께 귀국했는데 기차를 타고 오면서 나는,

"여보 해송! 동경에서 십수 년 동안 〈모던 일본〉을 경영해서 돈도 많이 벌었을 텐데 얼마나 남았소?"

하고 물어본 적이 있다. 그가 답하길,

"모두들 그렇게 생각하는 모양인데 나는 돈 남은 것이 없소이다. 개성 사람은 자고로 돈을 잘 벌기로 유명하지만 나는 일본에서 잡지를 내서 돈을 벌었다는 말이 듣기 싫어서 돈이 생기는 대로 몽땅 다 써버렸소이다."

그래서 나는 한국 사람이라고 하면 덮어놓고 업신여기고 천대하던 일본에서 "마해송"이라는 이름 석 자를 가지고 "여기 한국 사람

이 있다"는 것을 자랑하듯이 일부러 돈을 뿌리고 다녔다는 그의 고고한 정신을 다시 한 번 우러러 보게 되었다.

고국에 들어온 그는 개성이 38선 이북으로 들어갔으므로 서울로 이사 와서 명륜동 조그마한 집에서 3남매의 자녀를 데리고 청빈한 생활을 하였다. 그의 부인은 이화여대에서 무용 교수로 있어 살림살이를 보태었는데 동경 시대에는 자동차만 타고 고급 양주가 아니면 마시지 않던 그가 귀국 후에는 막걸리나 약주만 마시고 모든 사람이 양담배만 피우던 시절에도 그는 꼭 "백양"만 피우면서 권력에 아부하지 않고 금전을 탐내지 않으며 이 어지러운 세상에 조금도 몸에 오점이 찍히지 않고 유유자적 하는 것을 보면 마해송이야말로 가장 선비다운 사람이라는 느낌을 갖게 한다.

6.25 전란 때에는 마해송도 남하를 못하고 서울에서 갖은 고초를 겪었으며 1.4 후퇴 때에는 종군 작가로 공군에 배속되어 대구를 중심 삼아 피난 생활을 하였다. 당시 나는 모 신문사 특파원으로 동경에 가 있었는데 하루는 이전에 〈모던 일본〉에 있던 사람과 문사들이 나를 찾아와서 마 사장이 몹시 고생을 하고 있는 모양인데 다시 동경으로 와서 〈모던 일본〉을 속간하면 성공할 수가 있고, 그렇게 한다면 고생도 안 할 것이니 마 사장을 동경에 오도록 해달라고 하였다. 그러면서 그들은 〈문예춘추〉가 속간되어서 그전보다도 더 크게 발전하고 있다고 말해주었다. 나는 의리를 아는 그들의 마음씨가

고마워서 즉시 대구에 있는 마해송에게 연락을 했더니 그 회답이 걸작이었다.

"호의는 고마우나 갈 수가 없소이다. 일제 강점기에는 할 수 없이 그런 일도 하였지만 해방이 된 오늘날 본국에서 살 수가 없어서 다시 일본으로 기어든다면 얼마나 부끄러운 일입니까? 나는 고생이 된대도 여기 그대로 있겠습니다……"

얼마나 갸륵한 마음씨인가! 그 후 그 말을 들은 일본의 문화인들도 새삼스럽게 마해송이란 인물에 대해서 다시 한 번 탄복하였음은 물론이다.

그런데 마해송과 가장 좋은 대조가 되는 인물이 하나 있으니 그는 소설가 장모다. 장모는 본시 대구 출생으로 그곳 보통학교의 교원으로 있던 중에 동경에서 간행되는 잡지 〈개조改造〉의 현상 소설에 응모해서 당선된 것에 자신을 얻어서 소학교 교원을 그만두고 동경 문단으로 진출한 사람인데 한국 사람으로 일본말로 소설을 쓰는 작가로는 가장 유명한 사람이었다. 그는 일본 여자에게 장가를 들어서 줄곧 일본에서 살고 있는데 연전에 갑자기 일본에 귀화해서 한때 세상 사람들의 이야깃거리가 되었다.

그러면 그는 어찌해서 또 무엇 때문에 한국의 국적을 버리고 일본에 귀화를 하였을까? 일설에는 6.25 동란 후에 비밀히 부산까지 왔다가 분단된 조국에 환멸을 느끼고 장래를 비관한 나머지 필경 일본인이 될 것을 결심했다고 하거니와, 어쨌든 한국의 유능한 작가의 한 사람인 그가 조국을 버리고 영원히 일본인이 되고 만 것은 참으로 유감스런 일이다. 그리고 그가 그같이 결심을 하기까지는 그 자신도 심각한 고민을 하였을 것이며 제3자가 잘했거니 못했거니 하고 논란할 수는 없는 일이다. 다만 한 가지 우려되는 점은 한국 사람인 그가 일본에서 소설을 써서 지금까지 살아온 것은 그가 "장XX"이라는 한국인 작가이기 때문이며, 그의 작품도 자연 한국과 한국인의 생활을 그린 것이 많기 때문에 이색적 작가라고 해서 일본 문단에서도 주목을 끈 것이고 원고도 팔린 것인데 이제 갑자기 노구치 모라는 일본 이름으로 작품을 발표한다면 과연 그것이 잘 팔릴지 의문이다. 다시 말할 것도 없이 외국인이 아무리 일본글을 잘 쓴다고 하더라도 일본인의 내면생활을 묘사함에는 아무래도 일본인 작가만은 못하겠기 때문이다. 그뿐 아니라 일본이나 일본인을 주인공으로 작품을 쓴다고 하면 새로이 귀화한 외국인 작가가 아니라도 일본 문단에는 얼마든지 그 이상의 작가들이 많을 것인바, 아마 장모는 그 같은 점에는 생각이 채 미치지 못하였던지 그렇지 않으면 일본인 작가로서의 자부심이 너무 강했던 것이 아닌가 한다.

샌프란시스코 평화 조약으로 일본이 다시 독립된 뒤의 일이다. 어느 날 저녁 동경에서 방송을 듣고 있노라니까 일본의 대표적 방송국인 NHK에서 〈조국애에 대해서〉라는 제목으로 좌담회를 한다고 하면서 "제2차 세계대전 후에 일본인들은 누구나 할 것 없이 조국애가 희박한 것 같습니다. 그래서 어떻게 하면 조국애를 다시 부활시킬 것인가에 대해 지금부터 연령별로 각층 각계의 대표자를 망라해서 좌담회를 열겠습니다." 하고 말하면서 50대를 대표해서 어떤 상인 한 사람, 30대를 대표해서 어떤 회사원을 한 사람, 20대를 대표해서 어떤 여자 대학생을 한 사람씩 소개하고 나서 특히 사회에는 이번에 새로 일본에 귀화하신 노구치(장XX) 선생이 맡아본다고 하였다. 처음에는 무심히 듣다가 장모가 사회를 본다는 말에 호기심이 나서, 나는 대체 그가 무슨 소리를 할까 하고 그 방송을 주의 깊게 들었다. 먼저 장모는,

"우리들 일본인은 예전부터 천황을 중심으로 충군애국하는 사상이 강했으나 패전 후의 일본은 민주화가 되었다고 해서 마음의 중심을 잃어버린 탓인지 도무지 국가에 대한 관념이 희박하게 된 것은 참으로 유감스러운 일이라고 하지 않을 수 없습니다. 그러므로 오늘 저녁에는 여러분들이 솔직하게 의견을 교환해서 어떡하면 우리 일본인들이 다시 조국애를 찾을까에 대해서 기탄없이 토론해 주시기 바랍니다."

이렇게 개회사를 하는데 어제까지 한국인이던 그의 입에서 "우리들 일본인"이라는 말이 자꾸 튀어나오는 것은 어색하기 짝이 없었으며 아무리 생각해도 참말 같이 들리지 않았다. 일본에 귀화를 했

으면 했지 왜 하필 자기가 일본인의 조국애에 대해서 떠들어댈 필요가 어디 있단 말인가? 그야말로 긁어서 부스럼을 만드는 격이 아닌가? 나는 그 방송을 듣고 있던 일본인들이 비웃지나 않을까 하고 혼자서 민망하게 생각하고 있었는데 아니나 다를까 바로 그때에 20대를 대표한다는 여자 대학생이 질문을 시작했다.

"일본인의 조국애 문제를 이야기하기 전에 저는 먼저 노구치 선생께 여쭈어 볼 말씀이 있습니다. 최근 일본에 귀화하셨다는데 거기에 대해서 한 가지 생각나는 일이 있습니다. 일본의 좌익 작가로 유명한 미야모토 유리코 여사가 수 년 전에 소련으로 가서 모스크바를 방문한 일이 있었는데 그때 소련 정부에서는 극진하게 대우를 하고 미야모토 여사에게 소련에 와서 살 것을 권유했다고 합니다. 그렇게 한다면 영주권도 주고 생활도 보장하겠다고요...... 그랬건만 미야모토 여사는 그것을 거절했다고 합니다.

그때 그 분의 말은, '나 같은 사람도 일본에 있으니까 무엇이고 써서 민중에게 이익을 줄 수가 있지, 내가 소련에 와서 산대도 소련 민중에게는 아무 이익도 줄 수가 없으니까 나는 그대로 나의 조국인 일본에서 살겠다.'는 것이었습니다. 그래서 소련 사람들도 그 말이 옳다고 해서 그 이상 더 권유하지를 않았다고 합니다. 만일 그것이 사실이고 또 진리라고 하면 노구치 선생도 일본에 귀화하여 일본 문단에서 활약하시는 것보다도 선생의 조국인 한국으로 돌아가셔서 불우한 한국의 민중을 우해서 노력하시는 것이 더 낫지 않을까요. 저는 이것이 하나의 진리요 또 상식이라고 생각합니다."

비록 얼굴은 보이지 않았지만 그 여학생은 매우 머리가 좋고 영리한 사람인 듯하였다. 대관절 이에 대해서 장XX는 무엇이라 대답할까 하였더니,

"조선은 나의 제1의 조국입니다. 내가 이번에 일본 국적을 취득한 것은 제1의 조국인 한국에서 제2의 조국인 일본으로 귀화한 것이므로 내가 일본에서 작가 생활을 한다고 해도 조금도 이상할 것은 없습니다......"

라고 답하는데, 대체 제1의 조국은 무엇이고 제2의 조국은 또 무엇인지 도무지 알 수 없는 말이었다. 모르면 몰라도 그날 그 여학생은 아마 장모의 "우리 일본인들"이라는 말이나 "일본인의 조국애 운운"에 대해서 매우 비위가 역겨웠던 모양인데 이 문답은 분명히 여대생의 승리였으며 장모는 개최 벽두에 보기 좋게 한 대 얻어맞은 것이었다. 일이 이쯤 되고 보니 그날의 좌담회는 이야기에 씨가 먹히지 않아서 아주 흥미가 없는 것이 되고 말았다. 방송국 측에서는 일본의 패전 후 미군정이 끝나고 다시 독립이 된 기회에 일본인의 조국애를 고취하기 위해서 일부러 좌담회를 개최하고 최근에 새로 일본인이 된 장모로 하여금 사회를 보게 하면 더욱 효과가 있을 것으로 생각이 든 모양이나 의외르 여대생의 신랄한 질문이 나와서 결과는

그와는 정반대가 되었다. 나는 그 방송을 듣고서 지금의 젊은이들이 얼마나 총명하고 또 영악한가를 더욱 절실하게 느꼈다.

마해송과 장모 두 사람을 비교해 볼 때 그 차이가 너무나 현격한 데 놀랐으며 조국이란 마치 부모와 같은 것이어서 부모가 마음에 안 든다고 해서 버릴 수가 없듯이 조국도 역시 좋든 싫든 버릴 수가 없고 또 버려지지도 않는다는 것을 새삼스레 통감했다. 더구나 일시적인 방편이나 이해 문제로 조국을 버릴 수는 없으며, 만일 어떤 필요에 의해서 조국을 배반한다면 그 사람은 벌써 그날부터 인간으로서의 기본적인 존재까지도 상실하는 것이 아닐까 한다.

바로 그 무렵에 마해송은 해방 후 처음으로 일본을 방문하게 되었다. 그것은 재건된 문예춘추사에서 창간 동인으로 고락을 같이 한 마해송을 초청했기 때문이었다. 이케지마 문예춘추 사장이 직접 서울로 와서 마해송 부부를 초청한 것인데, 마해송은 이번에는 거절하지를 않고 죽기 전에 다시 한 번 일본을 보려는 생각으로 선뜻 그에 응하였다.

마해송이 동경에 도착하던 날, 나도 하네다 공항에 나갔는데 비행기가 도착할 때를 맞추어서 제국 호텔 큰 연회장에는 일본 문단의 대표적 작가 2백여 명이 그를 위하여 미리 와서 기다리고 있었는데 그 중에는 오사라기, 가와바타와 같은 문호도 끼어 있었지만 대부분이 해방 전에는 존재가 없던 무명 작가 출신으로 마해송에게 신세를 많이 진 사람들이었다.

마해송 부부가 식장에 들어서자 환영회에 나왔던 사람들은 일제히 자리에서 일어나서 박수를 쳤으며 마해송은 거의 20년 만에 만나는 옛 친지들을 보고 감개가 무량한 듯하였다.

기쿠치 칸은 해방 직후에 이미 세상을 떠났으므로 마해송은 그 이튿날 그의 미망인을 예방하고 은사에 대한 조의를 표하고 이제는 할 일을 다 했다는 듯이 얼마동안 동경에 더 있다가 곧 귀국하였는데 바로 그 전날 밤 그가 묵고 있는 호텔로 찾아갔더니 부인과 함께 짐을 꾸리고 있던 그는 무엇을 생각하였는지 갑자기 양복 주머니에 있던 크고 작은 돈을 도조리 꺼내어서 테이블 위에 놓았다. 그리고는 계산을 시작하기에 그 연유를 물었더니 마해송이 동경에 도착하던 날 문예춘추사에서는 왕복 비행기표와 호텔비를 부담하는 외에 우선 담뱃값 같은 잔비용에 쓰라고 먼저 10만 엔을 준 일이 있었는데 그 돈에서 쓰고 남은 것이 있으므로 그것을 도로 문예춘추사에 돌려주고 가야겠다는 것이었다. 나는 하도 어이가 없어서 "그 돈은 어차피 당신에게 쓰라고 준 것이니까 그대로 가지고 가도 좋지 않으냐"고 했으나 그는 끝끝내 듣지를 않고 나머지 돈을 전부 내어놓고 귀국했다. 마해송이란 이러한 사람이다.

그것은 어쨌든 마해송, 장모 두 사람의 인생행로를 보고 나는 많은 교훈을 얻었으며 조국과 민족이란 하나의 숙명이라는 신념을 더욱 굳게 하였다.

마해송은 그 후 줄곧 서울에 있다가 마해송답게 1년 전에 미리 유서를 써놓고 1967년 11월 6일 밤 62세를 일기로 갑자기 세상을 떠났다.

그리고 장모는 동경에서 살고 있었는데 웬일인지 일본에 귀화한 뒤로부터는 아직 이렇다 할 작품을 볼 수가 없다.

〈모던 일본〉 1932년 6월호

패망 전야의 동경 – 몽양과 민세에 얽힌 일들

태평양 전쟁으로부터 8.15 해방이 되기까지 일본에는 우리 유학생과 일반 교포가 수백만 명이나 살고 있었다. 그전에는 70~80만밖에 되지 않았지만 전쟁이 나서 갑자기 인력이 부족하게 되자 소위 징용이라고 해서 한국의 청소년들까지 강제로 데려다가 탄광이나 군수 공장에서 노동을 시켰기 때문이다. 그러므로 당시 일본의 젊은 남자들은 모두 군인이 되어 전쟁터로 나갔고 그들을 대신해서 조선과 대만 출신이 그 자리를 데웠다. 징용으로 끌려온 사람들은 거의 대개가 농촌 출신으로 누가 누구인지를 잘 몰랐고 또 어디서 무슨 일을 하는지도 알 수가 없었으나 동경의 제국 호텔이나 마루노우치 호텔 같은 데는 비교적 널리 알려져 한국 사람들이 많이 묵었다. 그들은 금광이나 석탄이나 중석과 같은 전쟁에 필요한 물자의 광산을 파기 위해서 온 사람들이었다. 그 때문에 태평양 전쟁으로 영미 사람들은 모조리 추방하여 서양인이라고는 동맹 관계에 있는 독일과 이탈리아 사람 밖에는 없던 때이므로 동경의 일류 호텔은 일시 한국 사람이 독점하다시피 되었다.

1941년 12월 8일 일본 공군이 하와이의 진주만을 기습 공격한 태평양 전쟁 발발 후 몽양 여운형이 동경으로 왔다. 그것은 조선 총독부에서 몽양의 명성을 이용해서 한국 청년들로 하여금 더욱 더 전쟁에 협력케 하려고 '시국 강연을 하라', '총력연맹의 무슨 감투를 쓰라'로 자꾸 등쌀을 부리므로 잠시 일본으로 피신을 해온 것이었다.

조선 총독부에서는 일반 민중의 마음이 가속도로 점차 일본으로부터 떨어져 나가는 것을 우려하고 민중이 존경하는 지도자를 앞에 내세워서 〈내선일체〉와 〈전의앙양〉을 추진시킬 필요가 있었다. 그러나 그때까지 국내에 남아있는 민족의 지도자로는 33인의 한 사람이던 최린은 이미 변절한지 오래고 사회의 장로 윤치호도 중추원 참의가 되어 민중의 신망을 잃었으므로 오점이 찍히지 않은 사람으로는 오직 몽양 여운형과 민세 안재홍 둘 밖에는 없었다. 그만큼 총독부의 압박도가 심하여 끝까지 그들의 말을 듣지 않다가는 암만해도 구금되기 쉬웠다.

일제는 전쟁이 점점 가열되자 보호 관찰소라는 것을 만들어서 좌익이고 우익이고 사상 사건으로 전과가 있는 사람이면 누구나 그곳에 등록을 해야 하며 담당 검사가 필요하다고 인정할 때는 언제든지 구금할 수가 있게 하였다. 따라서 과거에 독립운동이나 사회 운동을 한 일이 있는 사람들은 한 달에 한 번씩 서울 지방 법원에 출두해서 사상 검사 나가사키의 일본 정신에 관한 설교를 들어야만 했다. 그리하여 나이가 많고 당대 일류라는 큰 인물들이 새파랗게 젊은 나가사키 검사 앞에 앉아서 소위 황도주의皇道主義에 관한 강의를 들어야만 했다.

그렇지만 그런 판국에 어떻게 젊은 사람들에게 대일본 제국과 천황 폐하를 위하여 전쟁터에 나가서 죽으라고 할 수 있단 말인가? 그래서 생각다 못한 몽양은 동경에 있는 오카와에게 구원을 청했다.

오카와는 소위 대아시아주의자로 일본 우익의 거두였는데 웬일인지 몽양을 몹시 존경하였다. 그는 당시 남만주 철도 회사(만철) 촉탁으로 동경에 있는 만철지사 빌딩 안에 커다란 사무소를 가지고 있었다. 몽양이 '서울에 있다가는 아무래도 봉변을 당하기가 쉬우므로 잠시 일본으로 피신하고 싶으나 경찰에서 도항증명서를 발급해 줄 것 같지 않으니 어떻게 좀 도와줄 수는 없는가?' 하고 구조 신호를 보내자 이 급보를 받은 오카와는 곧 일찍이 형제 결의를 한 바 있는 이다가키 조선군 사령관에게 편지를 하고 '조선 총독에게 말해서 여운형을 곧 동경으로 보내라'고 하였다.

당시 일본 정부에서는 소위 만주 사변과 지나 사변을 일으켜서 수백만 군대를 중국에 침입시켰으나 철저 항전을 부르짖는 중국 측에서는 좀처럼 항복을 하지 않고 결국 그것이 도화선이 되어 태평양 전쟁을 하지 않을 수 없게 되었으므로 진퇴유곡에 빠진 일제는 이번에는 도리어 무슨 방법을 써서든지 장제스 총통의 국민 정부와 정전 교섭을 하려고 부심하였다.

그리하여 화평 교섭을 하기 위하여 수많은 사람이 등장한 가운데 개인적으로 장제스 총통을 잘 안다는 관계로 일찍이 조선일보 사장을 지냈고 해방 후 주중 대사가 된 우창 신석우까지 가담해서 상하이까지 갔으나 "선철병, 후교섭"이라는 중국 측의 강경한 태도로 교섭은 처음부터 난관에 봉착하였다. 즉, 중국 측은 중국에 파견된 수백만 일본 군대를 먼저 철병한 후라야 교섭에 응하겠다는 것이고 일본 측은 군대는 그대로 둔 채 우선 정전부터 하자는 것이니 교섭이 좀처럼 진척되기는 매우 어려운 일이었다. 중국 측 주장에도 일리가 있으므로 당시의 일본 수상 고노에는 그렇게 하더라도 화평을 이룩하려고 했으나 강경한 군부의 반대로 뜻을 이루지 못하였다. 바로 이러한 때였으므로 오카와는 '여운형은 아시아의 큰 인물이므로 일본과 중국 사이의 화평 교섭에 그 이상의 적임자가 없다'고 하여 '고노에 수상이 만나보고 싶어 하니 여운형을 곧 일본으로 보내라'고 한 것이었다. 그때 오카와의 생각으로는 곤경에 빠져있는 몽양을 구해주는 한편 가능하면 중일 화평 교섭에도 한 번 써먹자는 일석이조의 생각에서 그 같은 편지를 낸 것이겠으나 어쨌든 몽양은 그 편지

한 장으로 쉽사리 일본으로 탈출해올 수 있었다.

동경에 도착한 몽양은 숙소는 체면상 제국 호텔로 정했으나 일생을 독립운동에 헌신한 노혁명가에게 돈이 있을 리 없으므로 방은 구관 맨 아래층 107호인가 8호인가의 제일 싼 방을 얻고 식사는 하루 세 끼 대중식당을 찾아다니며 밖에서 했다. 몽양이 일본에 온 것은 그때가 두 번째였으니 첫 번째는 1919년 3.1 독립운동 바로 다음 해에 비록 비공식적이긴 하나 일본 정부의 초청으로 동경 제국 호텔에 투숙한 일이 있었다.

그것은 3.1 만세 운동으로 2만 명의 사상자와 5만여 명의 피검자를 내게 되자 이에 당황한 일제는 탄압만 하는 것이 능사가 아니므로 한번 유화 정책을 써보는 것도 좋지 않으냐는 의견이 대두해서 우선 한국인의 주장을 들어보기로 하였다. 그리하여 당시 관동청(만주 다롄에 있었음) 장관 그하가 사람을 넣어서 상해 임시 정부에 기맥을 통한 결과 비밀리에 몽양 여운형을 빈객으로 초청하게 된 것이었다.

당시 일본에서는 평민 재상으로 유명한 하라가 수상으로 있었는데 조선 총독부도 모르게 그의 독단으로 결정한 일이었으며 몽양은 몽양대로 호랑이굴에 들어가지 않으면 호랑이를 잡을 수 없다는 생각에서 용감하게 일제의 심장부로 뛰어 들어가 마음속에 있는 바를 시원하게 토해보자고 그 초청을 수락한 것으로 피차에 하기 어려운 모험을 한 것이었다. 이것은 과연 그 후에 큰 문제가 되어서 상해 임시 정부에서는 무슨 큰 변절이나 한 것처럼 몽양을 비난하였으며 총독부 당국에서도 하라 수상의 처사를 못마땅하게 생각하고 불만을 품었다.

그러나 동경에 도착한 몽양의 인기는 대단하였으니 그가 묵고 있던 제국 호텔에는 어떤 독립 국가의 국빈을 맞이한 것처럼 경계가 삼엄하였으며 일본의 대표적 신문 기자 백여 명이 모인 자리에서 몽양은 '한일합방은 처음부터 잘못된 것'이라고 갈파한 후 일본의 식민지 수탈 정책을 낱낱이 폭로하고 민족 자결주의에 따라 조선 독립의 필요성을 당당하게 역설하여 일본 조야에 큰 충격과 파문을 일으켰는데 그때 그 연설을 일본말로 통역한 사람은 당시 동경 유학생으로 와세다 대학 학생이던 설산 장덕수였다. 그런 일로 말미암아 몽양은 웅변가로 이름이 났으며 설산은 일어를 잘하는 사람으로 널리 알려졌다.

몽양은 그 후 오카와의 간청에 못 이겨 고노에 수상과도 만났는데 중일 화평 문제에 대해서 몽양 역시 중국에서 일본군을 철수시키는 것이 선결 문제이며 그것이 실현되기 전에는 자기가 나선대도 별 효과가 없을 것이라고 딱 잘라 말했다. 이로써 오카와에 대한 의리는 다한 셈이므로 몽양은 마음을 놓고 동경에서의 도피 생활을 그대로 계속할 수가 있었다.

몽양이 제국 호텔에 묵고 있다는 소문이 퍼지자 당시 동경에 남아있던 한국 유학생과 광산을 팔러 온 사람들이 자주 찾아와서 전쟁의 귀추를 묻는 일이 많았는데 하루는 최모라는 자칭 어느 사립 대학에 다닌다는 학생이 몽양을 점심 식사에 초대했다. 몽양은 본시 소탈한 사람이므로 선뜻 그에 응하여 호텔 근처 중국 음식점에서 점심을 함께 했는데 그 며칠 후에 돌연 동경 헌병대에서 몽양을 데려갔다. 이것은 훨씬 후에 안 일이지만 그 최모라는 학생은 실상인즉 동경 헌병대의 끄나풀로서 일부러 유도 질문을 하여 몽양을 체포토록 한 것이었다. 그때는 조금만 일본에 불리한 말만 하여도 곧 경찰이나 헌병대에 잡혀가는 판국인데 최모라는 자칭 유학생이 여러 가지 얘기 끝에

"그런데 선생님! 이 전쟁은 대체 어떻게 되는 겁니까?"라고 묻는 말에 누구에게나 친절한 몽양은 처음 보는 사람인데도

"그야 다시 말할 것이 있나? 일본이 진주만을 기습 공격하여 처음에는 형세가 매우 유리했지만 미국의 힘이 원체 강대하니까 이젠 손을 들 날도 멀지 않았지."

이렇게 절친한 친구에게나 말하듯 속에 있는 말을 솔직하게 다 털어 놓았으니 어찌 무사할 수가 있겠는가? 그리하여 몽양은 멀리 일본에까지 도피했다가 싱겁게 동경 헌병대에 체포되어 유언비어 죄로 결국 다시 서울로 압송되었다.

몽양이 서울로 압송된 후 일본에서는 고노에 수상이 사직하고 육군대장 도죠가 수상이 되었다. 그는 독일의 히틀러, 이탈리아의 무솔리니와 같은 일본의 대표적 국수주의자로 소위 대동아 공영권을 꿈꾸는 자였으므로 수상이 되자마자 동경에서 일본의 세력 하에 있는 아시아 각국의 수뇌자 회의를 개최하고 대동아 선언이라는 것을 발표하였다. 그때 그 회의에 참가한 각국 대표로는 인도의 보스, 필리핀의 로렐, 버마의 파모, 중국의 왕자오밍, 태국의 피분, 인도네시아의 수카르노 등으로 모두 대통령이나 수상급의 인물들이었다. 그런데 소위 대동아 선언에는 '아시아의 각 민족으로 하여금 각각 그 지위를 얻게 한다.'는 구절이 있는 바 그 뜻은 인도나 버마처럼 영국과 같은 강대국의 식민지로 있는 나라는 해방을 하고 독립을 주어야 한다는 것인바 그 대목을 읽은 각국 대표들은 일제히 의문을 적시하였다. 그 중에도 왕자오밍은 일찍이 중국 정부의 행정원장을 지낸 일이 있는 인물로서 비록 장제스 총통과 의견을 달리하여 일본측과 내통해서 새로운 정부를 만들기는 했으나 무엇이고 일본에 대하여 바른 말을 잘하기로 유명하였다. 대동아 회의에서

"지금 이 선언을 보면 아시아의 각 민족으로 하여금 각기 그 지위를 얻도록 한다고 되어 있는데 그렇다면 조선은 대체 어떻게 할 셈인가?"라고 질문하였다. 그때 그의 말은

"일본이 아무리 아시아의 각 민족을 해방한다고 해도 조선을 그

대로 식민지로 둔다면 아무도 그 말을 믿을 사람이 없으며 따라서 대동아 선언은 한낱 공염불에 지나지 않을 것이다."

라는 것이었다. 그러므로 영미 등 강대국의 지배로부터 아시아 각국을 해방시키려면 먼저 조선을 해방해서 솔선하여 모범을 보여야 한다는 것이다. 당시 정작 조선 안에서는 조선 민족이라는 말조차 완전히 말살되다시피 한 때였던 만큼 대동아 회의에서의 왕자오밍의 발언은 각 방면에 큰 충격을 주었으며 그 중에도 숨도 크게 못 쉬던 그때의 동경 유학생들은 새삼스레 민족의 긍지를 느끼고 새로운 용기를 얻게 되었다. 그뿐 아니라 왕의 발언은 일본의 정치가와 군인 등 지도층에도 큰 영향을 주게 되어 코딱지만 한 조선 반도를 그대로 얽매어 두기 위하여 광대한 아시아 각국의 신뢰를 잃는 것보다는 차라리 조선 민족을 인정해 주고 대동아 전쟁에 승리를 하는 날에는 조선도 독립이나 자치를 하게 한다면 우선 조선 민족의 환심을 살 수가 있고 아시아 각 민족의 신뢰도 얻을 수가 있어 그야말로 일석이조의 효과가 있지 않겠느냐는 말까지 나돌게 되었다. 즉, 조선 문제로 말미암아 아시아 전체의 신뢰를 잃는 것이 큰 손해라는 것을 뒤늦게나마 깨달은 것이다.

그보다 먼저 내가 신문사의 좋은 자리를 버리고 동경으로 가서 〈조선화보〉를 발행한 것은 조선의 고유한 문화와 인물을 소개함으로써 일제의 그릇된 생각을 깨우쳐주려는 데 그 참 목적이 있었다.

그리하여 '조선인과 일본인은 예전부터 확연히 다른 나라 민족인데 동근동조가 웬 말이며 창시 제도를 만들어서 이름까지 박탈함은 무슨 짓이냐?'라는 것을 완곡하게 항의하려는 하나의 레지스탕스였던 것인데 뜻밖에도 대동아 회의에서 일부에서나마 조선 민족의 인정이 문제가 되었다는 소문을 듣고 나는 마음속으로 혼자서 쾌재를 불렀다.

도죠 수상이 소집한 대동아 회의가 끝나자마자 연합국 측의 반격으로 솔로몬과 과달카날 해전에서 일본 함대가 전멸하다시피 되고 그에 따라 일본 본토에 대한 공습은 날이 갈수록 치열해졌다. 그리하여 동경, 오사카 등의 도시라는 도시는 B-29의 폭격으로 점차 폐허로 되어가고 있었다. 이에 당황한 일본 정부는 각 대학에 재학 중인 조선인 학생까지도 학도병으로 소집하는 한편 종이가 없다는 핑계로 언론까지 통제하여 신문 잡지를 정리 통합하게 되니 〈동아일보〉와 〈조선일보〉가 다 함께 폐간된 것도 그 무렵의 일이다.

잡지도 대부분이 폐간되었는데 마해송의 〈모던 일본〉과 내가 발행하던 〈조선화보〉만은 다행히 남게 되었다. 그러나 용지 배급은 자꾸 줄어가고 공습으로 인쇄 공장이 파괴된 것이 많아서 인쇄를 할 만한 데가 자꾸 줄어감으로 암만해도 잡지 발행은 불가능할 것만 같았다. 거기다가 식량 배급도 나날이 줄어들어 하루 한 끼 밥도 얻어먹기가 힘들게 되니 배를 주리고 폭격의 위험을 무릅쓰고 일본에서 잡지를 발행한다는 것은 극히 어리석은 일로 생각되었다. 그리하여 마해송과 나는 만나기만 하면 언제 귀국할까에 대해서 비밀히 상의를 하게 되었는데 그 시기는 의외로 빨리 왔다.

그 무렵 서울에서는 악질 친일파로 유명한 박춘금 일파가 소위 대의당이라는 것을 조직하여 전쟁에 협력하는 활동을 개시하였는데, 그와 때를 같이하여 동경에서는 박춘금 계통의 친일분자들이 일심회라는 어용 단체를 조직하고 전쟁에 이기라고 비행기를 헌납하느니 근로 봉사를 하느니 하여 소란을 피웠는데 한 가지 질색은 그 때 동경에 있던 좀 이름 있는 인텔리들은 누구를 막론하고 본인의 승낙도 없이 덮어놓고 가입을 시켜놓고 일방적으로 아무 날 어디서 모이니 꼭 출석하라고 통지를 보냈다. 그 배후에 경시청 특고나 헌병대가 있음은 다시 말할 것도 없으므로 마해송과 나는 이대로 동경에 있다가는 좋든 싫든 그들에게 이용될 것이 무서워서 어차피 귀국을 할 바에야 하루빨리 하는 것이 좋겠다는 결론을 얻게 되었다. 그것은 해방되던 해 1월 하순의 일이었다. 그때는 벌써 미국 잠수함이 일본 근해에까지 와서 부관연락선(부산과 시모노세키 사이를 다니는 배)인 곤론마루이라는 1만 톤짜리 기선을 격침한 일까지 있었으므로 마해송과 내가 시모노세키에 도착했을 때에는 잠수함의 위협으로 연락선이 여러 날 결항하여 시모노세키 부두에는 배를 기다리는 사람들로 인산인해를 이루었다.

그 후 천신만고 끝에 서울에 도착해서 얼마 안 되어서 동경으로부터 지급 전보가 한 장 날아들었다. 발신인은 흥아동맹 동아부장으로 있는 가네코 소장인데 전보의 요지는 수일 후 도착하겠으니 여운형, 안재홍 두 분을 만나게 해달라는 것이었다. 흥아동맹은 일본의 군부가 독일의 나치를 흉내 내서 만든 타이세이요쿠산카이大政翼贊會의 산하 기관으로 소위 아시아 각 민족의 단결을 도모한다는 목적으로 만들어진 단체였다. 그리고 가네코 소장은 본시 조선군 사령부의 연락 장교로 만주에 있는 관동군에 파견된 사람인데 나하고는 1931년 만주 사변 때 모 신문사 특파원으로 펑톈(지금의 센양)에 갔을 때 처음으로 알게 된 사람이었다. 그는 조선 문제에 대해서도 어지간히 진보적인 생각을 가진 듯 입만 열면 조선의 민족 문화를 말살하는 총독 정치를 통렬히 비난하고 조선은 적어도 자치쯤은 주어야 될 것이라고 주장하였다. 그런데 왜 갑자기 그가 몽양과 민세를 만나자고 하는지 나는 도무지 그 이유를 알 수가 없었다. 그 중에도 민세는 내가 가장 존경하는 언론계의 대선배인데 동경에서 듣자니 당시 만주에서 전향해온 이모(해방 후 국회의원이 되었다)라는 사람이 중간에 들어서 총독부의 야기 보안 과장이 몽양과 더불어 자주 민세와 만나고 있다는 소문을 듣고 나는 두 선배의 깨끗한 절개마저 더러워질까 하여 혼자서 걱정을 하였다. 그래서 서울에 오는 길로 즉시 민세를 만나기로 하였다. 당시는 남의 이목이 두려운 때이므로 우리 집에서 아무도 모르게 저녁밥을 함께 하기로 하였는데 진위 고향에 내려가 있던 민세는 양복바지에 각반을 차고 일부러 나를 만나러 왔다. 그리고 민세는 총독부 당국자와 자주 만난 것은 사실이나 시국이 시국이라 덮어놓고 협력을 거부할 수는 없으므로 그들의 요구대로 시국 강연은 하겠으나 조선 민족을 인정해 주면 하겠노라고 했더니 내선일체와 동근동조를 고집하는 그들이므로 결국 민족을 인정하지 못하여 시국 강연을 하지 않아도 무방하게 되었다고 하였다. 그와 같이 민세와 몽양은 민족을 내세움으로써 최후의 위기를 모면하게 되었다.

나는 가네코 소장이 지정한 날 서울역(그때는 경성역)까지 나가서 그와 함께 조선 호텔로 갔다. 호텔방에 여장을 푼 그는 한시가 바쁜 듯 나직한 목소리로 이렇게 말하였다.

"다름이 아니라 흥아동맹에서는 이번에 아시아 각국에 지부를 설치하게 되어 경성에도 다른 나라와 같이 지부를 두게 되었습니다. 그만큼 조선 민족을 높이 평가한 것이며 따라서 지부장은 거물급 인사를 추대해야 될 것이므로 본부에서는 여운형 선생이나 안재홍 선생이면 좋겠다고 결정을 하였으므로 급히 그 두 분을 만나려고 온 것입니다."

그래서 나는

"당신은 그렇게 말하지만 총독부에서는 절대로 조선 민족을 인정하지 않는데 흥아동맹에서 민족을 인정하고 지부를 설치하겠다면 총독부에서 가만히 있겠소?"라고 물었더니 가네코 소장은 기고만장한 표정으로

"흥아동맹은 총리대신의 전속 기관으로 조선에 지부를 둔다는 것은 총리대신도 잘 알고 있는 일이므로 제 아무리 총독이라고 하더라도 감히 반대는 못할 것입니다."

라고 하면서 곧 안, 여 두 분을 만나게 해달라고 하였다. 그래서 즉시 몽양과 민세를 만나서 그 뜻을 전했더니 '지부장을 수락하고 안 하는 것은 별문제로 하고라도 어쨌든 한번 만나보기는 하겠다.'고 했다. 그때 두 분의 생각으로는 조선 안에서는 절대로 민족이라는 말을 쓰지도 못하는 때이므로 일본의 중앙 정부 직속 기관에서 조선 민족을 인정한다는 말에는 매우 구미가 당기는 모양이었다.

그뿐 아니라 그때는 벌써 서울 상공에도 B-29가 나타나고 철원에서는 정거장 건물에 기총소사를 해서 사상자가 많이 났으며 동해와 서해안에서는 이따금씩 미군 잠수함이 떠올라서 연안의 어민들을 놀라게 하였다. 따라서 일제의 항복은 오직 시간문제로 보였다. 그러나 일본은 틀림없이 초토작전을 쓸 것이므로 미군이 일본 본토에 상륙하여 한번 큰 싸움을 한 뒤라야 항복할 것이 예상되었다. 만일 그렇게 된다면 미군은 필시 부산이나 여수로 상륙할 것이 분명한데 당시 우리들이 가장 무서워하고 또 염려한 것은 상륙해오는 미군

과 그것을 막으려는 일본군 사이에 격전이 벌어지면 그 중간에 끼어 있는 조선 민족만 애매하게 희생되는 일이었다. 아니 그보다도 먼저 우리들을 학살하지나 않을까 하는 걱정이 더 컸다.

이것은 해방 후에 판명된 일이지만 그때 총독부에서는 만일의 사태에 대비해서 비밀히 조선의 지식 계급을 숙청하려고 이미 수만 명의 명단까지 작성해 놓았다고 하니 참으로 위험한 고비였다.

그러므로 내가 처음 가네코 소장의 말을 전했을 때 몽양과 민세는 '총독부 놈들보다는 그래도 본국에 있는 자들이 좀 나으니 그들이 정말로 조선 민족을 인정한다면 한번 이야기를 들어보고 위급한 때 그들의 힘을 빌어서 총독부의 만행을 저지하는 것도 좋지 않겠는가'라고 하였다. 소위 이이제이와 이독제독을 해보자는 것이다. 그리하여 내가 중간에서 알선하여 동대문 밖 영도사永導寺에서 여러 차례 회담을 했는데 만날 때마다 가네코는 최고의 경의를 표하면서 총독부와는 다르니 자기들을 믿고 지부장이 되어 달라고 간청하였다. 이에 대해서 몽양과 민세는 일이 매우 중대하니 좀 더 생각해 봐야 하겠으며 지부장이라는 것은 언제나 본부의 지령대로 해야 되므로 지금은 어떤 약속을 한 대도 그것이 장래 또 어떻게 변할지 모르므로 지부장은 수락하기가 어렵겠다고 하였다.

그런데 그 일을 어떻게 알았는지 조선 총독부에서 아베 총독이 직접 가네코 소장을 불러다가 '조선 통치는 천황의 뜻을 받들어서 총독이 하는 것이므로 중앙의 어떤 기관이든 총독 정치를 방해해서는 안 된다'고 하면서 즉각 조선으로부터의 퇴거를 명령하였다. 다른 한편 고등 경찰과 헌병대에서는 몽양과 민세를 더욱 엄중히 감시하게 되었으니 그야말로 혹을 떼려다가 도리어 붙인 격이 되고 말았다.

그 후 연합군의 반격은 더욱 치열해져서 해방되던 해 8월 6일에는 일본 히로시마에, 8일에는 나가사키에 각각 원자 폭탄이 투하되었고, 9일에는 소련이 선전 포고를 하고 만주로부터 청진에까지 진격하게 되니 이에 당황한 조선 총독부에서는 끝끝내 조선 민족을 인정하지 못한 채 비로소 패전을 인정하고 엔도 정무총감이 직접 동아일보의 송진우를 청해다가 연합군이 들어오기 전에 정권을 먼저 이양코자 하였다. 그러나 송진우는 일제는 이미 패망하였는데 무엇이 급해서 총독부로부터 정권을 미리 넘겨받을 필요가 있겠는가라고 생각해서 즉석에서 거절하였다.

그러자 형세가 어렵게 역전된 엔도는 이번에는 항상 민족 문제로 괴롭히던 몽양과 민세를 청해다가 허리를 굽혀가며 제발 정권을 맡아서 치안을 유지해 달라고 애원하니 몽양과 민세는 연합군은 언제 들어올지 모르는데 일본 군대와 경찰은 무장을 한 채 여전히 남아있어 언제 어떤 불상사가 발생할지 몰라 어쨌든 사태를 수습하는 의미에서 정권만은 우선 이양받기로 하였다. 건국 준비 위원회는 이렇게 해서 탄생하였다.

일제가 무조건 항복을 한 1945년 8월 15일 밤, 서울 창덕궁 옆에 있는 휘문 중학 운동장에는 해방에 흥분된 수만 군중이 빽빽이 들어선 가운데 건국 준비 위원회를 대표해서 민세 안재홍이 다음과 같이 열변을 토하였다.

"여러분! 일제는 필경 패망하고 우리 조국은 지금 해방되었습니다. 이제는 하루바삐 자주독립 정부를 조직해야 할 터인데 이에 한 가지 여러분에게 부탁할 일이 있으니 그것은 아직도 우리나라에 많이 남아있는 이미 패망한 일본인들을 절대로 박해하지 말고 곱게 저희들 나라로 돌려보내 줍시다. 그리하여 대국민의 긍지를 보이십시다……"

나는 그날 그 연설을 듣고 실로 감개가 무량하였다. 그리고 천우신조라고 할까? 일제가 예상외로 빨리 항복한 때문에 조선에서 크나큰 참사가 발생하지 않은 것도 다행이려니와 그와 함께 몽양, 민세 두 분이 그 참 목적이야 무엇이든, 잠시나마 일제의 흥아동맹과 관련을 맺지 않았던 것을 퍽 고맙게 생각하였다.

(주: 몽양 여운형 선생은 해방 후 1947년 7월 19일 대낮에 서울 혜화동 네거리에서 공산당이라고 해서 백색 테러에 의해 피살되었고, 민세 안재홍 선생은 6.25 동란 때 민족주의자라고 해서 납북된 채 1965년 3월 평양에서 객사하니 인간 세상의 무상함에 다시 한 번 탄식할 따름이다.)

제2부
토월회 이야기

춘강의 말

이 글은 토월회의 사실상 책임자였던 춘강 박승희가 1963년 〈사상계〉에 연재했던 것으로 한국 신극 운동의 귀중한 문헌이므로 이에 재록한다. 당시 사상계 편집자는 다음과 같이 소개의 말을 했다.

"토월회 하면 노년층에겐 그렇게 낯선 것도 아니다. 한국 신극 운동의 연륜은 이 동인들로부터 시작되었음을 오늘의 연극인들 가운데서도 그렇게 잘 알려지지 않았음은 어찌된 까닭일까! 여기에 또 하나 잃어가는 정신의 유산이 있다. 이 유산이 더구나 생존자의 손으로 다듬어져 우리들 독자 특히 젊은이들에게 읽히고 음미할 수 있게 된 것을 편집자로서는 다행으로 생각하는 바이다. 토월회가 1922년 일본 동경일우東京一隅에서 발단하여 10년간에 걸쳐 87회의 공연을 하는 사이에 있었던 가지가지의 숨은 이야기와 연극인의 피어린 고심을 되뇌어 앞으로 있을 한국 연극 예술 운동에 하나의 빛이 된다면 더욱 더 다행인 줄로 알겠다."

東京市 錦町 3丁目 18番地

직접 간접으로 깊은 인연이었던 일본 東京市 神田區 錦町 3丁目 18番地를 말해두는 것이 순서인 듯싶다. 그리고 여기 나오시는 여러분께 존칭을 올리지 못하는 것을 용서하시기 바란다.

1921년 이 해는 기미년 3월 1일에 민족 자결이란 거국적 부르짖음의 만세 소리가 이 조국 강산에 메아리쳐 숨 가쁜 공포와 분노가 강토를 뒤흔들고 뜻있는 젊은이들은 왜정의 탄압을 벗어나 상해로 미국으로 망명하고 혹은 일본으로 학문의 길을 찾아 배움의 자유를 얻고자 떠나던 때이다.

일본에 온 학도들은 누구나 이상과 희망의 꿈을 안고 현해탄을 건너왔다. 당시 18번지에 있었던 사람으로는 정관 김복진, 팔봉 김기진, 고범 이서구, 동명 김을한이었다. 지금은 이 분들이 다 같이 쟁쟁한 이름을 날리고 있으나 나이는 어느덧 60 객이 되어 버렸다.

전일에는 한국에서 온 학생이라면 불문하고 어느 대학에서나 입학이 되었지만 이때는 선발시험을 보기 때문에 미리 입학 준비를 해야만 했다.

18번지 식구들도 처음에는 제법 하숙 생활을 하였으나 학비 관계로 18번지 2층집을 얻어 공동생활을 하게 되었다. 그 집에서 잠을 자고 대중식당에서 된장국 신세를 졌는데 모두가 본국 서울서 고등 보통학교를 마치고 학문을 더 배우려고 온 사람들이었다.

이때 조선 총독부에서는 동경에다 유학생 감독부를 두고 사찰과 감시를 엄중히 하던 때라 우리 학생들 틈에도 밀정이 끼어 있어 믿어서 한 말이 말썽이 되고 정다운 사이에 기밀이 탄로나 고생한 사람도 많았다. 참말로 험상궂은 세상이었다.

내가 있던 하숙은 태양관인데 18번지와는 몇 걸음 떨어진 같은 동네였다. 낮이나 밤이나 심심하면 놀러가고 놀러오고 왕래가 잦았다. 김복진, 김기진은 형제이며 그의 아버님은 충청북도 영동군수였고 이서구는 경기도 안양에 부호인 아버님이 계셨건만 매달 학비가 안 와서 곤란이 막심하였다. 그들은 귀엽게 자란 자제들로 한사코 못 가게 하는 부모들의 만류를 무릅쓰고 일본으로 왔던 것이다. “도대체 공부를 하는 게 무슨 소용이 있단 말이냐. 했댔자 판임관이나 순사쯤에 만족하겠느냐. 왜놈의 종노릇이 그렇게 좋으냐.” 이렇게 꾸짖으셨건만 이를 거부하고 용감하게 집을 뛰쳐나온 우리들의 고생은 이만저만한 것이 아니었다.

부모의 반대와 왜놈들의 눈총에 거칠어진 노여움은 힘찬 고집과 세찬 반항으로 변하였으니 이러한 현상은 3.1 정신을 올바르게 받은 것으로 안다.

해가 바뀌어서 1922년 봄이다. 서울에서 문학청년 박영희가 동경에 왔다. 문학에 뜻이 깊고 공부에 열중하여 가끔 어려운 문제와 심각한 토론으로 유명해서 우리들은 샌님이라고 별명을 지어 놀렸으며 김기진은 이런 박영희와 방 한구석에 앉아서 늘 토론이 분분하여 가장 친한 벗이 되었다. 김복진은 언제나 말이 적었으나 이서구는 옛날이나 지금이나 입심으로 한몫을 보았기 때문에 김기진에게 말만 앞세운다고 늘 핀잔을 받던 일이 생각난다. 나도 오다가다 들러서 늘 웃고 지냈거니와 회고하면 즐겁던 시절이었다. 갖은 익살맞은 장난과 농담으로 재미있던 곳이 18번지라 매일 수많은 친구들이 모여 들었다.

당시 나는 집에서 오는 학비가 그 중에서도 제일 여유가 있어 마침내 주머니에 돈이 있으면 굶고 있는 꼴을 못보고 같이 나가서 매식도 하였고, 혹은 우리 하숙으로 와서 나와 같이 저녁상을 받아먹기도 했다. 외국에서 이렇게 친해져 친밀한 우정이 샘솟듯 하였다. 그 시절은 정도 많고 한도 많은 청춘의 꿈이었다. 이러는 동안에 자연 돈이 궁할 것은 자명한 일이라 할 수 없이 전당포 출입이 잦았다.

대개 여기에는 어느 때고 넉살 좋은 이서구가 끼었다. 그는 잘 떠들어대서 남에게 호감을 주는 사람이었다. 우리들은 잡히다 잡히다 못하여 나중에는 헌 우산까지 잡혔는데 마침 비가 쏟아졌다. 꼭 가야만 할 곳이 있었는데 갈 수가 없어 할 수 없이 이서구가 전당포로 가서 주인에게 사정을 하고 우산을 빌려주면 잠시 쓰고 갖다 주겠다고 간절히 말을 했다. 그 좁은 골목 안에서 학생을 상대로 고리대금을 하는 전당포 주인은 그의 말에 녹았음인지 아무 보증도 없이 창고에서 잡혀있는 우산을 선선히 내어 주었다. 그 수작이 번질하고 배포가 유함에 친구들은 허리를 잡았거니와 여하간 이서구의 그 뱃심이란 유명하였다. 이렇게 신산한 때였지만 나라를 사랑하고 민족을 생각하는 지극한 마음은 한시도 잊지 않았다. 우리의 빛나는 역사를 뒤져내어 자랑하고 열심히 공부하는 한편, 마침 밀려드는 서구의 문화와 사조를 이해함에도 힘썼다. 왜놈의 원수를 갚아야 하겠고 어서 배워 알고 실천에 옮겨 경험을 쌓기로 하였다.

이렇게 모락모락 타오르는 불똥은 여러 사람에게 튀어 18번지에 오는 사람은 날로 늘었다. 이와 같이 사귀고 놀고 떠드는 동안에 이 세상 이야기도 듣고, 되어가는 꼴도 알게 되어 때로는 심각한 사색에 잠기기도 하였다. 이때 동경 유학생들은 대개가 민족주의자들로 앉으면 호언장담이었다. 혹 좌익분자도 섞였었지만, 맥도 못쓰고 그저 나라를 위하고 민족을 위하자는 소리뿐이었다.

술로 드샌 봄날 저녁

1921년도 저물고 그 다음해인 1922년 봄이 되었다. 마침 으스름 달이 구름 속에 숨어 있는 어느 봄날 저녁이다.

나는 하숙에서 창을 열고 혼자 달빛에 타는 듯한 구름이 정처 없이 흘러가는 것을 보고 별안간 다정다감한 생각이 나서 벗이 그리워졌다. 마침 돈도 주머니에 있어 18번지를 찾아갔더니 다른 사람들은 나가고 김기진이 혼자 쓸쓸히 책을 보고 있기에 산보나 가자고 끌고 정처 없이 나섰다. 달도 가고 구름도 가고 향수에 잠긴 두 사람은 요란한 전차길로 손을 잡고 나가 홍고 동경제대 앞을 걸으며 마음의 외로움과 주위의 쓸쓸함을 느꼈다. 큰 길 한 모퉁이 포장마차에서 음식을 만드는 냄새가 났다. 별안간 술이 먹고 싶어 들어가 술을 청했다. 한잔 두잔 정종을 석 잔이나 마시고 나니 머리는 어지럽고 가슴이 두근거렸다. 술맛도 모르는 체 취하여 두 활개를 치면서 기분이 맘껏 좋아 비틀비틀 걸은 것이 우에노 공원까지 왔다. 우리는 여기 있는 시노바즈노이케不忍池(연못)에 돌을 힘껏 던졌다. 연못의 물결이 일어나는 파동을 바라다보며 우리도 장차 이런 파동을 일으킬 것이라고 큰소리로 외쳤다. 우리의 희망과 이상은 크다. 우리의 무대는 동경뿐 아니라 온 세계이다. 큰 민족이 되자. 일하는 민족이 되자. 새로운 나라를 세우고, 새로운 정치를 하자. 참으로 민족정기를 세우자. 압제와 구속을 무너뜨리고 자유로운 세계가 놀랄 만한 그런 큰일을 할 사람은 우리들뿐이다. 우리에게 부하된 책임이며 권리이다. 그렇게 못하면 죽는 것도 두렵지 않다. 우리는 학문의 진리 탐구보다 민족의 정신을 찾자. 우리 민족은 어디로 갈 것이냐...... 두 사람은 서로 껴안고 마른 풀잎 위로 뒹굴면서 소리도 질렀고 울기도 하였다. "자유 없는 설움을 아느냐"고 김기진이 팔을 크게 휘두르는 바람에 나의 앞니를 쳐서 그 이가 병들어 내 나이 오십이 넘어 제일 먼저 빠지고 마니 그날 밤의 생각이 지금도 난다. 마침 지나던 순사가 달려들어 웬 사람이냐 묻는 바람에 우리는 일어났다. 다시 거리로 나오니 그때까지 취해있는지라 발길이 온전치 못했다. 젊은이의 참을 수 없는 정열은 끓어 넘치는 듯 골목길로 들어서며 큰 소리로 또 우리나라 민요 아리랑을 불렀다. 이 노래 소리는 아마 골목 안 사람들의 잠을 깨웠을 것이다. 우리는 또 이놈들아 잠만 자면 제일이냐, 여기에도 산 사람이 있다고 고래고래 고함을 치며 너희들도 사람이라 문패까지 달았구나 하며 이 집 문패를 저 집으로, 저 집 문패를 이 집으로 옮기며 달아주었으니 지금 생각해도 밤중이라 보는 사람이 없어 다행이었다. 주정으로 밤을 새우며 어깨를 서로 끼고 어느 때나 되었는지 우리 하숙으로 와서 김기진과 한 이불 속에서 나머지 꿈을 꾸면서 잤다.

시대의 요구로 토월회 조직

이럭저럭 이 해도 지나가고 다음 1923년이다.

18번지도 전과 달라 시시대며 툭탁거리는 장난이 없어지고, 때로는 앉아 명상에 빠지기도 하고 의문이 있으면 토론도 하게 되며 무질서하던 18번지가 점잖아진 셈이다. 이렇게 세월을 보낼 것이 아니라 의미 있게 보내자는 의사를 갖게 된 것이다.

봄철이 되자 학교 입학기가 되어 김기진은 릿쿄立敎 대학에, 이서구는 니혼 대학에, 김복진은 우에노上野 미술학교에, 박승희는 메이지 학원 영문과에, 김을한은 와세다 대학 고등학원에 각각 입학이 되었다. 이제부터는 놀 시간이 없어졌다. 김기진이 하루는 무슨 회會를 만들자는 발언을 하여 모두가 이에 찬성하였다. 이때는 경시청과 유학생 감독부의 감시가 날카로워서 사람들은 우리가 무슨 비밀 결사나 하는 게 아닌가 의심할까봐 모이기를 꺼려했다. 이런 일의 일인자는 역시 수단과 방법이 투철한 이서구였다. 그가 주선하여 우선 회를 할 만한 장소를 새로 개업한 양식점으로 정했다. 이 집 주인은 문학청년으로 한때는 우리와 좋게 지내던 일본 사람인데, 그는 중도에 학업을 집어치우고 서양 요리점을 개업한 터였다. 우리들의 의도를 짐작하였던지 장소는 무료, 음식은 외상으로 주겠다고까지 약속을 했다. 여덟 시나 돼서 여러 사람들이 왔다. 김복진, 김기진, 이서구, 박승목, 이제창, 김을한, 송재삼 등으로 송재삼은 그냥 따라온 사람이다. 그중 박승목은 박승희의 일가로 경성 의학 전문을 졸업하고 동경 대학 의과에서 의학을 연구하러 온 사람으로 도안圖案에 취미가 있었고 이제창은 우에노 미술학교 교양화과에 재학 중이었다(토월회의 문헌, 프로그램, 삐라, 포스터 무대사진, 기념사진 등등은 6.25 난리 중 집이 연소되는 바람에 모든 것이 재로 변하고 지금은 묘연한 흔적만 남았을 뿐이니 유감이다).

정숙한 가운데 회명을 만들자 하여 그 누군가 먼저 신월新月이라 하였는데, 이때 김기진이 신월보다 토월土月이 낫다고 하면서 흙은 생명이 길고 우리가 하루라도 떠나 살 수 없는 것이라 하여 무궁무진토록 변함없어 좋다고 하여 여러 사람들은 여기에 찬성하여 토월회가 탄생하였다. 김기진이 토월회를 만들려는 동기와 의도를 설명하고 동시에 그 취지와 도적 등은 시대가 요구하는 바라 하였다. 우리는 문학과 미술 방면에 뜻을 둔 사람들이라 다음 회기부터는 각자의 창작이나 제작한 작품을 내놓아 서로 비평과 우열을 판단하자고 강조하였다. 친밀한 동지들의 얼굴에는 환희로 넘쳤으며 주인도 없고 간사도 없는 대신 우리는 같은 동인이라 너도나도 주인이 되었다. 집주인도 우리들의 떠드는 소리에 자기도 옛날이 생각났던지 한 손에 술병과 또 한 손엔 술잔을 들고 올라와서 우리와 같이 환희에 넘쳤다. 나중에 토월회 만세 3창을 부르고 끝이 났다. 밖으로 나오니 별빛은 없어지고 캄캄한 천지로 변하였다. 이번 일에 주선역은 김기진으로 치밀하게 꾸미는 모사요, 이서구는 대외로 주선하는 데 으뜸이었다. 그는 서울서부터 우리들 중에 외입쟁이로 명성이 높았고, 거기다가 건달로 한 몫을 보는 터였다. 장안의 기생은 이서구를 모르는 기생이 없었고 한 번 보면 안 따르는 기생이 없었다. 우리들 중에 가장 세상 경험과 파란의 길을 걸은 사람이었다. 배우려는 의욕을 부자유하게 막으려는 완고한 집안에 대한 반항심으로 그리 되었는지도 모른다.

이런 이야기도 나마저 없어지면 할 사람조차 없고 만다. 늘 생각을 써 보려했던 차에 기회가 왔기에 옛 기억을 더듬어 생각나는 대로 적어보니 다시금 모든 것이 그때가 그리워 가슴이 벅차오른다. 지나간 옛날 나의 청춘을 바친 토월회여, 지금은 어디로...... 40년이나 되는 아롱진 옛일을 연기 속에 살라버리고 청춘 시절이 꿈이런가, 감개가 무량하다.

그 다음 회에는 새로 나온 분이 있었다. 그 분은 동경 고등상업의 연학년과 함경도 온성 태생인 이수창이었다. 새로운 얼굴이 나타나니 좌석은 정중하게 되었고 김복진의 자화상 조각과 박승목의 옛날 승무의 도안이 출품되어 이것을 놓고 준엄한 비평과 재미있는 설명이 있었다. 뜻이 깊은 회합이었다. 우리의 생활과 지식을 풍부하게 하기 위하여 우선 독서 윤독회를 만들자는 주장이 있었다. 그러나 돈이 없으니 동기는 좋으나 시작하기 어려움을 알고 백난을 무릅쓰고 우선 한 권씩 같이 보기로 하였다. 그전에 생각조차 못한 일로 향학의 길은 더 한층 탄탄해졌다.

토월회 창립 동인들

좌로부터 박승희, 이서구, 박승목, 김복진, 이제창, 김기진, 김을한, 송재삼(객원)

싹트기 시작한 연극에의 정열

이때 유학생들의 경향은 대부분이 앞날을 기약 못하고 회의와 허무 속에서 나날을 보냈다. 대개가 완고한 전제주의 가정에서 억압을 배반하고 나온 유학생들은 하숙집에서 팔을 길게 뻗는 것만 해도 자유를 향유하는 것 같았다.

또 다른 유학생들은 〈학지광〉이란 월간 잡지를 발간하여 민족의 잠을 깨우치려 하였다. 일본의 경시청과 감독부는 더욱 감시를 엄밀하게 하고 호시탐탐 이들을 노렸다. 이때의 선배인 이광수, 김준연, 김도연 등은 대학 재학 중이었으며 그 분들이 중요한 활동을 하던 때였다.

우리는 동지의 규합에 열중하였고 또 한편 지식함양에 힘쓰기를 게을리 하지 않았다. 지나간 옛날 잡지나마 야시장에서 사들여 이것을 열독하기도 하고 가끔 도서관 책을 뒤적거리기도 하였다. 이러는 동안에 김기진이 임노월이라는 시인과 서로 알게 되고 또 그와 같이 동거 생활을 하던 여류 시인 김명순(탄실)과도 사귀어 다음 회 날은 이 두 사람도 나와서 호화로운 회합이 되었다. 이 두 분 시인은 벌써 잡지에 원고를 보내던 기성 시인으로 우리와 같은 송사리 문학청년이 아니었다. 그들은 우리들을 우습게 보았을는지도 모른다.

우리들의 행동이 침착해지고 문견이 높아진 것은 모임의 덕택이니 여러 사람과 섞여서 사교의 필요성을 알게 되고 서로 의논하는 동안에 식견을 넓히는 새로운 흥미를 느끼게 되었다.

일본도 이때에 신극 운동이 활발하여 와세다 대학 교수 시마무라가 "마쓰이 스마코松井須磨子"와 "예술 협회"를 조직하여 신극 운동으로 서양의 신극을 수입하기 시작했다. 뒤이어 오사나이 가오루小山內薰가 신극 운동의 앞잡이로 자못 장관이었다. 소설가 기쿠치 칸이 〈옥상의 광인〉을 써서 신극 운동의 새솜씨로 대소극장에서 다투어 상연을 하였고 구메 마사오久米正雄가 〈목장의 형제〉를 내었으며 야마모토 유소山本有三가 〈대위의 딸〉을 썼고 제국 극장이나 유락좌 같은 대극장에서 호평을 받아 신극의 파동은 커져만 갔다. 신파 배우 마라다 마사오村田正雅가 시마무라島村抱月의 뒤를 따라 〈카추샤〉와 〈장발장〉과 〈토스카〉를 상연했고 야마다 다카山田隆彌는 오카다 요시코岡田嘉子와 "무대 예술 협회"를 조직하여 신극 운동을 촉진하였다. 각 대학에도 연극부를 두어 시연과 공연을 가졌고 일반인이 신극 운동에 큰 관심을 갖게 되었을 적에 새로 귀국한 히지가타土方與志가 오사나이와 손을 잡고 "스키지 소극장"에서 더욱 뜻 깊고 힘찬 신극 운동을 시작하였다. 또 와세다 대학 영문과 출신인 사와다澤田正二郎가 신국극新國劇을 일으켜서 새로이 시대극을 시작하니 그 형식과 내용이 그전 것과는 판이하여 일반의 주목을 끌어 날로 대중의 호응을 받았다. 신극 운동이 활발하여 재래의 신파나 가부키마저 신극의 흉내를 내게 되니 복잡한 일본의 극단은 만화방창의 새봄을 맞아 그 기운은 높아만 갔다.

이 바람에 쏠린 나는 더욱 연극의 길을 더듬어 준비와 공부를 하고 시간과 여유만 있으면 극장으로 가기를 서슴지 않았고, 보고 배워 알려고 노력하였다. 젊은 학도들이 신극의 감미로운 무대를 보자 자연 거기에 쏠리게 되었으나 토월회 동인들은 연극에 대한 관심과 흥미가 없어 극장 출입이란 거의 없었고 돈이 없으면 전당이라도 잡혀서 갈만한 용기는 나 외에는 아무도 없었다. 일본도 아직 무대 장치와 모든 것이 구식이라 완전치는 못하였으나 그런대로 무대를 돌아보며 장치와 설비를 구경하고, 설명도 듣고, 연극을 연출하는 방법 등을 세밀하게 보고 알았다. 이러는 동안에 일본에서 상연된 신극은 거의 다 보았으며 가부키극과 신파도 열심히 보았다. 아무리 극장이 멀다 해도 가기를 꺼려하지 않고 즐겨 나섰으니 그때 나의 연극에 대한 정열이란 여간이 아니었다. 토월회 회원까지도 내 주머니가 허락하는 대로 같이 갔다. 사람들은 나에게 타고난 팔자로 극장가는 것을 좋아한다고 하였다.

여름 방학 선물

토월회 예회가 열리는 날이었다. 방안에는 사람들이 다 모여 있었다. 새로 온 임노월과 함께 온 김명순은 좌중의 홍일점이었다. 임노월이 시 한 편을 읽었고 다음에는 김명순이 시 한 편을 읽기 시작하였다. 김기진이 눈을 감고 귀를 기울여 들었다. 이날 김명순의 그 평안도 사투리도 가끔 섞인, 유창하게 읽는 낭랑한 목소리는 방안을 밝게 하였다. 묵묵히 듣고 있는데 총각들은 처음으로 대하는 여류 시인이라 엄숙한 태도를 지었으나 얼굴에는 홍조를 띠고 있다. 김기진은 흥그러운 듯 빙그레 웃고 있다. 높았다 낮았다 구성진 가락과 길고 짧은 장단에 어울려 고요한 방은 더욱 애련한 생각에 잠기게 하였다.

그러나 옆에 앉은 임노월은 무엇이 마땅치 못한지 좋지 않은 눈초리로 좌중을 살피고 있었다. 다음은 김기진의 일본말로 쓴 창작

소설로, 이것은 일본의 유명한 종합 잡지 개조에 보냈던 것인데 퇴짜를 맞고 돌아온 작품이었다. 굵고 그 큰 목소리는 거침없이 유창하게 읽어 내려가는 일본갈에 김명순도 감명을 받은 듯 눈만 깜박거렸고 눈꺼풀 속에는 어느덧 이슬이 맺힌 듯하였다. 한 시간이나 넘도록 읽었으나 방안은 조용했다. 박승희는 그의 창작 극본인 〈길식吉植〉을 읽었으나 너무나 현실적이어서 시와는 달리 여기 모인 동인들의 관심을 끌기에는 너무도 거리가 멀었다.

이럭저럭 끝이 나니 열한시다.

이 뒤로 여러 사람이 모이면 김명순의 이야기로 꽃이 피었다. “그 여자는 미인이다.” 또는 “현대적 미인이다.” 등의 말이 있었고 그뿐 아니라 그 여자는 이 남자 저 남자의 사랑 속에 사는 여자란 혹평까지 나왔다. 사실 여러 남자와 친밀하게 지내기도 하고 연애를 한 경험도 많은 듯했다. 그러나 우리 문단에서 빛나는 여류 시인으로 그가 일본까지 온 것을 누구와 같이 왔는지 몰랐으나 임노월은 일본에 와서 만난 듯했다.

임노월이 토월회에 나와 보니 김명순의 태도가 젊은 학도들의 순진한 모습에 감탄할 뿐 아니라 유혹이나 당하는 줄로 짐작했던지 우리들을 경이원지하는 듯해서 우스웠다. 김기진이 말하던 끝에 여름 방학에 가지고 갈 포부의 일단을 말하며 강연회 같은 것을 해볼까 하고 말했다. 그러나 강연회는 너무 어려워서 누가 연사가 될 것이냐 하는 반문에는 아무도 대답하지 못했다. 나는 과거 중학교 2,3년부터 연극에 뜻을 두고 이 방면의 생각을 버리지 못했기 때문에 지금도 연극과 나는 떨어질 수 없게 되었고 일본에 온 것도 연극을 배우고 연구코자 왔던 것이다. 백사지와 같은 우리나라 연극 운동을 하기 위함이었다. 이러는 중에 의견이 여름 방학에 서울에 가면 무엇을 할까를 갖은 방향으로 모색하던 차라 나는 김기진에게 "우리가 무엇을 하겠느냐? 제일 먼저 대중을 깨우치는 데 둔다면 연극이 제일이다. 대중에게 새 사조가 무엇인지, 새 지식이란 어떤 것인가, 이것을 알리려면 연극밖에 없다"고까지 하였더니 여러 사람들도 내 말이 옳다고 하였다. 연극이란 대중을 위하여 있는 것이다. 이런 의견이 날이 갈수록 굳어져 결국 연극을 하기로 가정하고 의논을 활발히 진행하느라 여러 날 동안 고심을 하였다. 그러나 연극이란 생각과 같이 쉽게 되는 것이 아니라 연극에 대한 지식이 있고 이론과 실천력이 수반되어야 한다. 또 연기에 충실한 연구가 필요한 것은 다시 말할 것도 없다. 토월회에서 현재 연극을 알고 지도와 행사를 진행할 사람은 아무도 없다. 들은 풍월의 연극이니 우리가 무엇을 해야 할지 몰랐다. 또 여러 날을 보낸 뒤 연극을 하자면 우선 돈이 있어야 된다는 생각이 들었다. 구체적으로 방안을 세워보려 하나 물가조차 잘 모르는 사람들이 그것인들 알 수 있을 리 없었다. 어림해서 우선 1천원으로 계산하고 이것을 판출할 방법을 찾았다. 어디서 나올 것인지 18번지에 모이면 이런 공론으로 애를 쓰던 차 바로 옆집에 사는 양복점 주인이 무엇을 하는데 그리 돈이 필요하냐고 묻는다. 그와 가장 친한 김기진이 사정을 이야기 했더니 양복점 주인 사카가미는 즉석에서 천원까지는 모르지만 자기에게 있는 대로 꿔주겠다고 맹세를 했다. 외국 사람이지만 젊은이들이 돈 때문에 애쓰는 꼴이 가엾던지 연극하는 데 적극적으로 나섰다. 서울을 잘 모르는 사카가미는 일본 연극계와 같은 줄만 알고 쉽게 돈이 나올 것으로 추측한 까닭에 일본인 특유의 의협심이 발동하여 우연한 연분으로 돈을 빌려주겠다는 것이다.

김탄실

기생도 하기 싫어하는 여배우 일

이런 고마운 일이 어디 있겠는가? 이에 기운을 얻어 급속히 서둘러 보자고 나섰다. 아직도 세상일을 잘 모르는 탓으로 연극을 해보겠다는 정열만 가지고 나중 일은 생각도 않고 덤벼든 것이다. 지금 생각하면 이런 무모한 애들의 장난 같은 일이 어디 있을 것인가? 할 수 없이 박승희 진출에 김기진 보증으로 수형(어음)을 써서 사카가미에게 주고 우선 5백 원을 꾸었다. 연극을 하게 되면 서울의 수입이 얼마나 될는지, 더구나 극장은 하루에 세전이 얼마인지, 이것도 생각할 여지가 없이 날뛰었으니 정말 위험천만한 노릇이었다. 여러 사람들이 하고 싶어 하는 일을 난들 반대할 수 없었다. 그럼 누가 배경을 그릴 것인가를 또 의논했다. 우리들만으로 될 일도 아니요, 또 어느 극장이 될는지도 알 수 없는데, 무대의 장광과 높이도 짐작 못하면서 데생만이라도 어떻게 그린단 말인가? 우리는 서로 웃었다.

우선 각본이 확실하게 선정되고 나서 준비해야 될 것으로 합의를 했다. 그 책임은 나에게로 돌아올 것은 미리 짐작한 일이었다. 여러 동인들에게 1막물짜리 4막을 준비하여 다음 회 날 가장 적합한 것을 가져오라고 부탁했다.

골라온 각본도 여러 가지 있었는데, 연학년은 러시아 체호프 작 〈곰〉을 가져왔고 김기진은 〈기갈〉-그 작가가 누구인지 잊어버렸지만-가지고 왔고 나는 버나드 쇼의 작품인 〈그 남자가 그 여자의 남편에게 무엇이라 거짓말을 했나〉를 가지고 왔다. 또 한 가지는 번역만 할 것이 아니라 창작극도 하자고 하여 나의 창작인 〈길식〉을 하자는 데 합의하였다. 그 다음 이 네 가지가 서울의 대중 앞에 내어놓을 만하고 보일 만한 작품인지, 서울에는 신파 연극이 대중의 인기를 차지하고 있는데, 이처럼 어려운 신극을 이해하여 줄 것인지에 대해서 한참이나 떠들었으나 이쯤은 관객이 능히 이해할 것이란 어렴풋한 생각으로 아주 확정하고 말았다. 이런 생각을 갖는 것도 일본의 관중을 기준으로 한 게 아닌가 생각되어 나의 걱정은 자못 컸다. 각본을 선택했던 분들이 번역을 하기로 정하였다. 그러고 나니 이젠 여자역과 배경을 생각할 때 앞일이 암담하였다. 일본 동경에서 무대에 나설 여자를 구해보았으나 요새 같으면 모르겠지만 그때는 쉽사리 나올 수가 없었다. 그 사정이란 당시는 배우를 천하게 생각하는 관계로 사회의 비방을 겁냈기 때문이었다.

할 수 없이 여자도 구하고 배경사도 구하기 위하여 먼저 내가 본국으로 와서 두루 살피었으나 무대에 나서기를 원하는 사람은 한 사람도 없었다. 서울에다 걸어본 희망은 헛일이었다.

그때 이서구는 서울에 와서 신문 기자로 취직이 되어 낙원동 한양 여관에 투숙하고 있었다. 나는 세세한 이야기를 하고 여배우 이야기를 했다. 이서구는 참말 어렵다고 하면서 서울에 예술 협회라는 것이 있는데 이것은 이기세가 영도하는 극단으로 거기에는 여자 중학교를 졸업한 여배우가 있다고 하므로 그 여자를 교섭해 보겠다고 했다. 그러나 우리는 아주 신인을 얻으려는 이유를 말하고 다른 방면으로 구해보기로 했다. 그러나 어느 가정에서나 광대로 나가라거나, 내보내기를 좋아할 리 없었다. 현재 정세로는 안 될 말인 줄 알고 우선 종로 3정목 진명 여학교에 다니던 학생 하나가 학비 관계로 그만두고 있다기에 이 말에 솔깃한 우리는 한걸음에 그곳을 찾아가서 본인과 만났다. 아무리 뜯어보아도 무대에 세울 만하지가 않다. 둥근 얼굴에 실눈인데 키가 너무 작은 편으로 연극을 하겠느냐 하니 하겠다고 하여 고향은 함경도로 부모가 계시나 여기서 거리는 멀고 자기 집 형편이 자기에게 관심이 그리 많지가 않다고 한다. 달갑지는 않지만 우선 후보격으로 두고 다른 곳으로 찾아보자고 나섰다.

연극할 여자를 서울에서 찾자니 모든 사람들이 하늘의 별을 따기보다 어려운 일이라고 생각도 말라는 것이다. 그러나 시일은 자꾸 가니 장님 파밭에 들어가듯 아무데나 뒤져보기로 했다. 우선 기생이나 화류계에서 나올 만한 여자가 없는지 알아보기로 하였다. 나도 기생집이란 가본 적이 없고 아는 기생도 없었으나 이서구는 외입쟁이로 조달한 터라 모르는 기생집이 없었다. 난생 처음으로 나는 기생집을 몇 집 갔었는데 기생의 말인즉 부모들의 말이 광대 노릇을 한다면 노름 돈도 못 받게 된다고 하지 못하게 한다는 것이다. 간혹 기생 본인은 하고 싶어 하는 사람도 있었으나 부모가 절대로 반대하기도 했다. 기생까지도 광대 노릇하는 것을 하층 계급으로 취급하니 어처구니없는 일이었다. 꿩 대신 닭은 못쓰느냐 하는 생각으로 나는 그 길로 신정 유곽으로 발길을 돌려보기로 했으나 역시 허사였다. 포주가 승낙을 안 하는 것이다. 거기서도 절망을 하고 모든 사람들이 광대라고 천하게 대하는 이런 노릇을 왜 하려 하는지 스스로 생각해보니 한 가닥 서글픔을 금할 수 없었다. 아무런 성과도 없이 공연히 여러 날 돌아다니느라 나는 다리만 아프고 피로했다.

배경은 누구에게 부탁할까 알아보니 서울에는 또 배경사가 없다는 것이다. 당시 신파 연극의 배경사로는 김운선이란 사람이 있으나 모두가 일본식이라는 것이었다. 그래도 한 번 그분의 그림을 보니 아닌 게 아니라 전부 일본식 도구이며 색깔이 단조롭고 원근이 없는 그림이었다. 이런 솜씨로는 될 수 없어 교섭도 하지 않았다. 백조 잡지사 동인 원우전을 추천하기에 그분을 만나보니 해보지 않던 일이라 할 수 없다는 것이다. 그래도 그분이 가장 유망하다고 생각되어 우리도 모르는 것을 배우려는 학도들임을 밝히고 한번 같이 해보자고 간청을 하여 간신히 승낙을 얻었다. 결국 모든 일이 십여 일이 걸려도 별 무소득이었다. 동경에서 모두들 궁금해 할 것 같아 나는 일단 동경으로 가기로 하고 이서구에게 부탁하였다.

원우전

대본이 필요 없다던 신파 배우

동경으로 가면서도 모든 일이 뜻대로 되지 않아 나는 무엇이라 해야 좋을지 몰라 무던히 애를 태웠다. 오사카까지 와서 가고 오는 기차가 갈리는 판이라 혹시나 하고 플랫폼에 내렸더니 마침 서울 일이 궁금하여 귀국하는 김기진을 만났다. 참말 반가웠다. 하루라도 못 보면 견디지 못하던 친구였다. 내가 대강 그간의 경과를 알리니 김기진은 큰일 났다고 걱정을 하다가 기차가 떠나므로 서로 작별하였다. 동경에 와보니 여러 사람들이 준비에 바빠 야단이었다. 극본은 다 되었고, 배역은 내가 온 뒤에 하자고 했다는 것이다. 배역이고 무엇이고 간에 아직도 사람이 부족한데다가 여배우감이 없어 나도 걱정이 되었다. 배역은 나 역시 김기진이 돌아오거든 하자고 정하고 말았다. 기다리던 김기진에게서 서울 소식이 왔다. 동경이나 서울이나 준비하기는 마찬가지이니 일행이 빨리 서울로 오라는 것이다. 하긴 준비는 거의가 서울서 할 것이요, 동경에 있어봤자 시간만 허비하는 셈이었다. 우리는 바삐 모 극장과 교섭하여 의상과 머리에 쓰는 가발(가쓰라)을 약간씩 빌려 가지고 서울로 떠났다.

서울에 내린 일행은 인사동 낙세 여관을 합숙소로 정하기로 하였다. 이정수란 함경도 학생은 벌써 합숙소에 와 있으며 이혜경이란 여자도 있었다. 합숙소에는 별안간 장터로 변한 것처럼 인사 오는 사람과 일 때문에 오는 사람으로 분주하였다. 김기진의 말대로 배역을 정하였는데 〈기갈〉은 전원이 출연하고, 〈곰〉은 연학년이 주연으로, 〈길식〉은 김기진이 주연, 그리고 〈그 남자가 그 여자의 남편에게 무엇이라 거짓말을 했나〉는 주연에 박승희로 정하였다. 또한 백조사의 동인 안석영이 출연하고 싶다고 자청하여 많은 도움이 되었다. 그리고 원우전이 배경을 그리기에 힘을 썼다. 이서구는 극장 교섭을 해보았으나 이미 정해놓은 프로 관계로 안 되겠다고 하더니 결국 조선 극장과 계약이 되었다. 우리는 수입의 4분을, 극장은 6분을 차지하기로 정해졌다. 조선 극장은 일본인의 소유로 흥행주는 황원균이었다. 이때 서울에는 간신히 4,5개의 극장이 있었다. 그나마 전부 일본인의 소유이고 어떤 곳이나 흥행주는 일본인의 차인 격인 한국인이었다. 그때만 해도 인구가 3,4십만 이상이나 되는 서울에 우리나라 사람의 극장은 단 한 곳도 없었다. 일반 사회는 극장의 필요를 이렇게 자각하지 못했다.

가끔 신파 연극단이 1년에 몇 차례 공연할 뿐 대개는 영화 전문 극장이었다. 서울에 자주 오는 신파 극단으로 혁신단의 임성구, 유일단의 안광익, 신극좌의 김도산, 취성좌의 김소랑 등이고, 그 전에 민중 극단과 그 뒤 이기세의 무대 예술 협회란 것이 있었다. 이 무대 협회의 배우 이채전을 좀 쓰려고 했으나 이기세의 반대와 그의 남편 이일선의 고집으로 이루지 못하였다.

조선 극장 무대에서 배경 준비에 골몰하는 원우전의 처음 솜씨가 이것저것 모르는 것이 많아서 나도 무대에서 아는 대로 지시해주면서 밤을 새우기도 했다. 그러자 안성구가 여배우감이 와있으니 같이 가보자는 것이다. 나는 반가운 마음으로 이웃에 있는 태서관이란 양요리 집으로 달려갔다. 이월화라는 재래 신파 연극에서 이름을 날렸다는 여자였다. 키가 날씬한 여인인데 얼굴도 야위지 않았고 어글어글한 큰 눈에서는 영롱한 영채가 빛났다. 여름옷으로 차린 폼이 당시의 모던 걸로 그때 사회에서는 남다른 모습이었다. 우리는 재래 신파 연극을 하던 여자도 안 쓰고 순진무구한 신인만 얻고자 하였지만 이제는 때가 때인지라 할 수 없이 나와 주기를 간청하였다. 이월화는 자기집 노모의 의견을 물어봐야 하겠다고 대답하였다. 내일 다시 회답을 하겠다는 다짐을 받고 점심 후 헤어졌다. 다음날 이월화가 찾아와서 어머니의 승낙을 얻었다고 했다. 즉시로 그가 〈그 남자가 그 여자의 남편에게 무엇이라 거짓말을 했나〉의 여주인공 역의 대본을 내주고 속히 외우도록 했더니 이것이 무엇이냐고 의아해 한다. 대본이라고 하니 이런 것 아니라도 이야기만 들어도 할 터인데 하고 큰소리로 자랑삼아 하는 말에 웃음이 났다. 그전에 하던 구찌다데(입심)만으로는 될 수 없는 신극의 정의와 이념을 일러주니 그녀는 놀라면서 "그럼 이대로만 해야 하나요?" 하고 의아한 표정을 지으며 대본을 가지고 갔다.

알고 보니 이월화의 노모란 자기를 낳아준 정말 어머니가 아니었다. 이월화는 옛날 어느 고관의 첩이 난 서녀인데 그 고관은 죽고 그 생모는 다른 곳으로 재가를 가게 되어 이월화는 지금의 노모가 맡아서 길러온 것이라고 했다. 지금 어머니도 옛날엔 벼슬아치의 첩이었는데 남편에게 버림을 받아 혼자 고생을 하면서 사는 꼴이 말이 아니었다. 이월화는 장성하여 시집까지 가서 애도 낳았는데 불행히 애는 죽고, 이월화는 뛰어나와 사느라고 굴러다니기 시작했다는 것이다. 출생과 생애가 지극히 가여운 신세인 이월화는 지금의 노모에게 어찌나 효심이 지극한지 모두가 탄복을 했다. 얼굴이 곱고 미인이라 장안의 외입쟁이가 뒤를 따라 그는 오늘과 같은 방종한 생활로 변하고 말았다는 것이다. 아무튼 서울에선 미인이란 월계관을 쓴 모던걸이요, 팔방미인으로 그 명성이 자못 높았다.

처음 해보는 무대 장치에 골치가 아픈 원우전에게는 참말 미안하였으나 그럭저럭 되어 가는 품이 미래의 배경사로 촉망이 갔다.

이서구는 섭외 교섭에 분주하고 우리는 연습하기에 분주하였다. 각자의 번역한 작품을 들고 연출을 하기로 하였으나 자연 내가 간섭을 많이 하게 되었다. 연출에 경험을 가진 사람도 없고 또 시간도 촉박하였으나 오로지 우리의 정열 때문에 연극이 이루어지는 듯하였다.

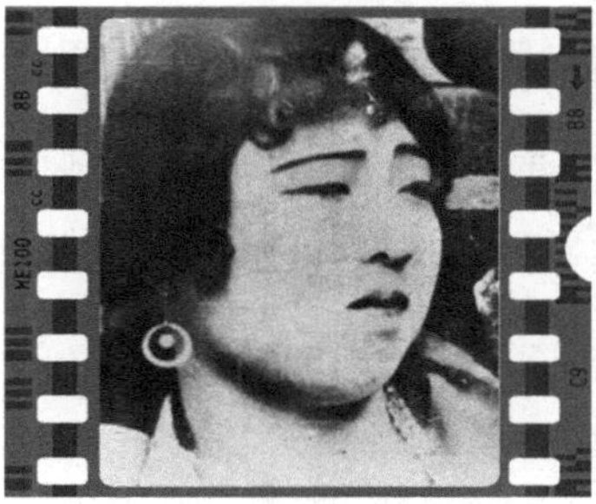

이월화

처음 보는 신극에 열광하는 관중들

무대 연습이 시작되어 배경을 친다, 세트를 세운다 하며 연습을 많이 하였건만 아직도 대사를 잘 이해 못하는 사람과 들고 나는 곳을 몰라 쩔쩔매는 사람들이 많았다. 내가 이리저리 가리키며 빈틈이 없도록 해서 그나마 무리 없이 되었으나, 이러는 동안 노력도 노력이지만 짧은 지식과 경험 없는 시행이란 이렇게 어려운 것인가 하고 깨달았다.

선전은 옛날 구악 조라치 7인조로 초립에 노랑 청복을 입게 하여 옛날 우리들의 풍습을 거리에 떨치게 하였다. 삐라와 포스터는 낙원동 정미당 인쇄소에서 외상으로 해주는 인연을 맺어 우리와 오래도록 거래를 하였고 우리뿐 아니라 다른 극장의 주문도 받게 되었다. 그 외에 토월회란 회기도 만들어 앞에 세우고 조라치들이 시가행진을 하니 서울에는 토월회 이야기로 가는 곳마다 귀다 따가웠다. 7월

3일로 공연 일자가 정해지자 눈코 뜰 새 없이 분주하게 되어 무대 연습도 공연 초일 날까지 하는 형편이었다. 시집가는 날에 등창 나듯이 화장품을 못 사서 김기진이 신문사와 개벽사에 청탁하여 원고를 써주기로 하고 일금 27원을 얻어 지금 충무로까지 가서 간신히 분과 루즈 등을 사들고 으니 이번엔 갑자기 이월화로부터 '저는 어머니가 나서지 못하게 하여 연극을 못하겠으니 대사책을 보냅니다.' 라고 전갈이 왔다. 초일은 닥쳐오고 이월화가 출연을 거절한다는 것은 정말 큰일이었다. 재래식 신파 극단에서 쓰던 버릇을 누구에게 쓰는 거냐고 우리는 분개했으나 워낙 일이 급한지라 김기진과 안석영이 특명 전권 대사의 소임을 맡아 창성동 이월화의 집으로 갔다. 대문을 열고 들어서니 캄캄한 안방에서 창문을 열고 어머니가 내다보는 지라 두 사람은 두말 않고 올라가 재래식 큰절을 넙신하고 사정을 말하였다. 그러자 그 어머니는 "그년이 하지 말라는 연극을 제맘대로 한다."고 투덜댔다. 그 눈치를 얼른 챈 두 사람은 출연하면 얼마간 돈도 드리겠다고 단단히 약속하고 간신히 승낙을 얻었다. 그때 여배우란 없다는 돈이라도 이런 방식으로 공연을 하루쯤 앞두고 애를 태워 돈을 타내려고 하였다. 이월화는 그길로 나와 연습을 하게 되었다. 돈을 못 주는 극단이나 없는 돈을 달라는 여배우나 비참하기는 매일반이었다.

모든 준비는 이렇게 애를 태우는 중에 간신히 끝났다. 초일은 쾌

청한 날씨였다. 바람에 휘날리는 토월회 깃발을 바라다보니 곤란을 거듭하던 생각이 떠올라 눈시울이 뜨거워졌다. 이때는 공연을 한다 해도 삐라는 물론이요, 포스터 같은 것을 웬만한 극단이나 단체가 아니면 없었던 터라 거리거리에 포스터가 걸리게 되면 서울 시민은 굉장한 것으로 알았다. 길모퉁이마다 토월회란 포스터가 걸려있으니까 종로 경찰서에서 대표자 박승희를 호출했다. "토월회는 무엇하는 단체로 어디서 조직했고 목적이 무엇이냐?" 또 "토월회란 하필 흙달로 하였느냐? 흙달은 무엇을 의미하는 것이냐?" 등등 여러 가지를 질문했다. 질문에 일일이 답변을 한 다음, 우리는 연극 단체라 하였더니 경기도청에 극본 검열은 받았느냐고 묻는다. 지금 검열 중이라고 한즉 "불온한 연극을 올려 일반 민중을 선동하는 것은 허가하지 않을 방침"이라는 것을 일러준 뒤 가라고 한다. 그날 아침 9시부터 오후 3시까지 보안계로, 서장실로, 고등계로 다니느라 온종일 시간이 걸렸다. 그러나 경기도청에서 검열한 대본의 허가가 나오지 않았다. 또 가고 또 갔으나 일부러 그러는지 자꾸 늦추기만 하는지라 마침 신문 기자들이 왔다가 이 말을 듣고 자기네들이 주선해 보마고 했다. 그러고서 2,3일 지나서야 찾아왔다. 종로 경찰서 흥행 허가 교섭까지 부탁하고 우리는 공연 기간을 7월 21일까지 5일간을 원하였으나 겨우 3일간이 허가되었다. 이 공연의 수지는 벌써 맞지 않게 되고 말았다. 이래저래 신문 기자의 수고가 많았으므로 밤에 모 요정에서 한턱을 냈다.

화장실에는 야단이 났다. 할 줄 모르는 화장을 하느라 거울 앞에 버티고 앉아 얼굴에 고양이를 그리고 있다. 이것을 일일이 지도하여 모양을 만들고 있으려니까 밖에서는 또 개관합니다란 취군 피리 소리가 넘어가는 마디마디 가락조차 애를 조이는 듯 바람 곁에 울려왔다. 화장실에는 인사차 찾아온 손님으로 뒤죽박죽이 되고 무대에선 장치하느라 망치 소리가 요란하고 객석에선 벌써 관객이 들어오고 뒤숭숭한 이때에 관객 앞에 나갈 생각으로 가슴마저 떨리는데 혹시나 실수가 있을까 하여 대사를 다시 외워보면서 화장을 하는 광경은 참으로 볼만하였다. 그 중에서 이월화만이 경험이 있어 이 사람의 얼굴에 분도 발라주고 저 사람의 눈썹을 그려주기도 하였다. 그럭저럭 여섯시 반이 되어 막이 올라갔다.

제일 먼저가 〈기갈〉이란 연극이었다. 침침한 무대에 깊은 산중이 점점 밝아온다. 이런 조명은 서울에선 처음 보는 것으로 관객의 호기심을 자극하였다. 무대 가운데는 금빛 나는 큰 문이 닫혀있다 청년과 소녀가 나와 행복을 구하려고 문을 열려고 한다. 청년 역의 김기진, 소녀 역의 이정수, 노인 역의 박승희가 나와 행복은 구한다고 얻어지는 게 아니고 너희들의 행복은 너의 각각 마음속에 있느니라 하는 공상적인 내용의 연극이었다. 관객은 무대 장치의 새로움과 신기한 연극에 얼이 빠져 좋고 나쁜 것은 나중이고 신기함에 취하였다. 그동안 신파 연극만 보아오던 눈이 딴 세계를 발견한 것이다.

다음은 〈곰〉이다. 러시아 시골 어느 과부의 가정이다. 과부 이정수와 청년 역 연학년이 익살맞은 대사를 주고받자 관객은 깔깔대고 웃었다. 우선 말투가 그전 신파 연극조가 아니고 우리들이 일상 현실에서 듣는 말이고 또 이야기도 부자연한 데가 없고 사실적인 흥미를 갖게 되어 관객들은 대환영이었다.

다음은 〈길식〉이란 창작극이다. 무대는 우리가 살고 있는 집과 같은 우리나라 식이다. 안방, 마루, 건넌방, 부엌이 있고 부엌문 위에 선반이 있는데 그 위에 시루와 항아리가 놓였고, 장독대가 즐비한 모양에 관객들은 감탄하였다. 길식 역의 김기진이 나와 옛 습관과 구 도덕을 향하여 식칼을 들고 그의 혈족에게 반항하는 끝 장면에 관객은 우레와 같은 박수를 보냈다.

관객 역시 옛 습관과 구 도덕에 억압과 절제를 받아온 사람들이었다. 관객의 괴로움과 무대 위의 길식의 고민은 똑같은 것이었다. 관객은 무대 장치의 황홀함과 연극의 세련된 대사에 깜짝 놀라 아무 말도 못하였다. 과거 신파 연극에서는 볼 수 없었던 장면과 굳센 의지의 세계를 보았고 또 대사의 정확하고 자연스러움에 관객들은 만족했다.

다음은 버나드 쇼의 〈그 남자는 그 여자의 남편에게 무엇이라 거짓말을 했나〉이다. 무대는 찬란한 영국 신사의 가정으로 색채와 광선이 우선 관객을 놀라게 했고 여주인공 이월화와 청년 박승희와의 대화가 한창 무르익는 판에 웬일인지 갑자기 이월화가 대사가 생각나지 않았던지 함부로 입심만 믿고 아무렇게나 주어대기 시작했다. 박승희는 가뜩이나 겁을 잔뜩 먹고 있는 판에 뜻하지 않은 대사에 무엇이라 대꾸를 할지 몰라 쩔쩔맸다. 그러자 대사는 뚝 그치고 무대는 조용해졌으나 손님들은 연극이 그렇게 되는 것으로 알고 잠잠했다. 박승희는 참을 수 없이 되어 이것은 버나드 쇼를 모욕해도 분수가 있지라고 분개하며 차라리 막을 내리고 관객에게 사과하는 것이 정당한 일이라고 단정하고 무대 뒤로 들어와서 막을 내리라 소리를 질렀다. 관객은 또 관객대로 이것이 끝인 줄 알고 물러나갔다. 이리하여 첫날 연극은 잡치고 말았다. 걱정과 근심으로 일건 벼르고 별러 한 일이 수포로 돌아간 것을 심히 애달프게 여기며 나는 무대로 나가 관객에게 잘못을 솔직히 사과하고 내일의 일을 새로 다짐하였다. 내일은 관객도 없을 것이란 예측으로 미안해하는 이월화와 박승희는 그날 밤이 새도록 다시 연습하였으나 오늘의 잘못이 없어질 리는 없었다. 이렇게 되니 극장에서는 내일 다시 연극을 할 양이면 하루에 120원씩을 극장 세로 먼저 내라는 것이다. 우리의 잘못으로 이렇게 되고 보니 할 수 없는 일이었다. 갑자기 공연을 중지할 수도 없어 계약 조건을 변경하고 말았다. 아무튼 이번 공연의 실패로 미안하게 된 두 사람은 더욱 분발하였으나 때는 이미 늦었다.

전문 극단으로 변모한 토월회

수입은 둘째 날도 그리 줄지 않았다. 우리와 같은 경우를 보통 극단이 당했으면 큰일이었겠으나 우리는 학생 단체라는 이유로 실패를 그렇게 크게 생각하지 않았다. 임대료를 물고 나서 남는 것이 없었다. 예상외로 첫날은 수입이 3백여 원이나 됐다. 앞으로는 수입이 차차 줄어들 판인데 대책도 아무것도 없이 풀이 죽은 채로 토월회 사람들은 3일까지 계속 공연을 하였다. 총수입이 천 원 미만인데 우리에게 온 돈은 겨우 백여 원으로 당시 경비에도 모자랐다. 곤란을 겪으며 별수 없이 갱생의 길을 모색한 것이 속히 제2회 공연을 준비하자는 데 합의가 되었다. 그러나 또 돈이 앞서는 일이라 제2회 공연을 한다지만 맡을 수 없는 일이었다. 이에 비장한 결심으로 다시 한 번 1회 때에 애쓴 만큼 노력하면 못할 일이 없으리라는 결심으로 제2회 공연 준비를 시작하였다. 우선 각본은 박승희가 선택하기로 했다. 이번에는 관객에게 호감을 줄 것을 그리고 극장이 터지도록 관객을 넣어보자는 장담과 호언이 나왔다. 동경 사카가미에게 꾸어온 돈을 못해주어 만일 그 사람이 이리로 오면 큰일이라고 김기진은 무척 걱정을 하였지만 다행이 오지 않아서 안심이었다. 첫 공연의 실패는 단순한 출연자의 실패뿐 아니라 극본의 선택이 잘못 됐다는 비판으로 좀 더 흥미 있는 것을 하기로 했다. 나는 여러 날 동안 생각한 끝에 톨스토이의 〈부활〉과 독일의 〈알트 하이델베르크〉를 뽑아냈다. 〈부활〉이란 장편 소설은 우리나라에서도 많이 선전되어 애독하던 책이었다. 일본에서는 마쓰이 스마코가 무대에 올렸던 것으로 “카추샤 애처롭다 이별하기 서러워”라는 노래는 우리나라에서도 널리 애창되었고 삼척동자라도 모르는 사람이 없었다. 그리고 〈알트 하이델베르크〉는 마이어푀르스터라는 독일 작가의 것으로 단지 이 한 편만을 쓴 작가이다. 이것도 정열적인 왕자가 낭만의 도시, 학문의 도시, 하이델베르크에서 맺은 사랑을 그린 것으로 〈부활〉과는 내용이 다르나 역시 사랑을 노래한 연극이었다. 나는 이 두 가지 극본이면 서울의 관객도 만족할 것이라고 추천을 했다. 이때 서울의 사정은 서구의 사랑 이야기가 들어오기 시작하던 때였다. 나는 〈부활〉을 3막으로 편극하기도 하고 〈하이델베르크〉는 극본으로 된 것이 있어서 그대로 변역을 했을 뿐이었다. 이 극본은 동경에 남아있는 김을한에게 도서관 것을 복사해 보내라고 부탁했더니 매일같이 등사본이 왔다. 두 가지를 만들어 놓고 보니 이만하면 1회 때보다 훨씬 관객들 비위에 맞을 것처럼 짐작이 갔다. 배역은 1회 때보다 많아서 우선 사람 부족을 채우기 위하여 이백수와 이소연이 가담하게 되었고 여자로는 최성해 등 여러 사람이 새로 들어왔다. 1회 때의 우리 연극을 보고 이렇게 많이 왔으나, 인물여하는 고사하고 1회 때 여자를 구하려고 동분서주하던 생각이 났다. 또 김해일과 조천성 등이 와서 그럭저럭 사람은 채워졌다. 배경은 역시 원우전이 돈이 되는 대로 시작했는데 이번에야말로 대작을 구상하는 듯 조선 극장이 북적했다. 서양화가 이승만이 안석주와 더불어 밤이 늦도록 궁전막 벽화를 그리는데 2주일이나 걸려 한 장을 그렸다는 이야기는 지금도 전해 내려와 미소를 금치 못하게 한다. 나는 이 두 가지 연출에 관해 생각을 해보니 너무나 엄청나게 어려운 것임을 알았다.

이번에야말로 연출다운 연출을 하기로 맹세를 했다. 이번 공연이 토월회의 운명을 좌우할 것을 생각하니 공연히 흥분만 되었다. 전번에 남긴 부채도 반환해야 되므로 실패한 것에 설분할 것을 다짐하였다. 1회 때의 급한 돈을 갚을 길이 없던 차에 백조사 홍노작이 예금 없는 빈 수표로 마련해주어 두고두고 감사하였으나 이 문제가 아직까지도 결말이 안 났으니 미안한 일이다. 이번에도 별로 예산을 세우지 못한 채 하는 노릇이니 돈이 급하다는 말이야 해서 무엇하랴. 이것은 우리나라 사정으로 미리 자본을 세워놓고 유유히 할 수 없는 처지이니 하루빨리 기업체가 생겨야 할 것을 통절히 느꼈다. 배경 준비가 한쪽으로 되어갈 때 별안간 김기진(팔봉)이 토월회의 이번 공연이 끝나면 자기는 그만 두겠다고 말한다. 제2회 공연은 책임상 해야겠으나 그 뒤는 관계하지 않겠다는 폭탄선언이다. 김기진의 탈퇴 이유는 모르겠으나 고난 속에 힘이 풀렸고 낙망을 했던 모양으로 이런 결심을 한 듯했다. 처음 토월회는 단란한 가족 같은 분위기였으나 차차 외부에서 오는 사람이 많아 가족적인 분위기는 없어지고 여름 방학을 이용해서 한 번 하고 만다는 게 또다시 제2회를 하게 되니 이러다가는 토월회가 완전히 흥행 단체가 되지 않을까 하는 생각도 들었다. 1회와 2회 이처럼 회수를 거듭해봤자 빚만 남으니 감당할 수 없는 일이요, 토월회 내의 공기는 험악해지기만 하는 게 그 이유였을 것이다. 그리고 자기는 연극을 평생 사업으로 삼고 싶은 마음은 없다는 것이 그로 하여금 연극을 단념케 한 것이었다. 놀랍기는 하나 자기 의사가 그렇다면 어쩔 수 없는 일이다. 김기진의 진퇴 문제가 벌어지자 연학년, 안석주, 이수창 등이 또한 사퇴할 가능성이 있어 이러고 보면 최초의 토월회 회원은 다 없어지고 나와 그 후에 참가한 사람만 남게 되는 것이다.

토월회 만세 부르다 연행

이렇게 복잡다단한 토월회의 2회 공연 준비는 그대로 진행이 됐다. 카추샤 역의 이월화는 노래와 인연이 없는 사람이었다. 할 수 없이 새로 참가한 조택원이 남자지만 창문 뒤 무대에서 노래를 불러주겠다고 나선다. 그때는 노래를 부를 만한 여배우도 없었던 시절이었다. 이러는 동안 9월이 닥쳐오자 일본 동경의 대지진으로 소동이 일어나 동경에 있는 조선인이 집에 불을 지르고 우물에 독약을 넣었다는 풍설로 닥치는 대로 죽인다는 소문이 왔다. 이러다가는 다시 동경으로 못가는 것이 아닌가 생각되었으나 한편 동경행을 중지할 처지라 안심하고 공연을 준비했으나 무고히 우리 민족에게 학살을 감행했다는 왜놈들에 대한 분노는 컸다. 나와 같이 매일 만나던 학생들의 부음을 듣고 보니 참을 수 없는 분노가 솟아올랐다. 연일 배경 준비로 분주한 원우전과 점심을 같이 먹으면서 토월회의 앞일을 걱정하였다. 앞으로 내부의 변동이 있을 것을 말하면서 장래를 걱정해 보았으나 뾰족한 방도는 없었다. 이야말로 와야 할 일과 때가 온 것이니 상관할 것 없이 2회 공연에 성과를 올리고 나서 두고 보자고 원우전이 말을 했다. 무대 일에 충실할 뿐인 원우전은 단순하고 악의가 없는 사람인줄 짐작된다. 이때 배재학당과 경성의전 학생들이 몰려와서 출연하겠다고 자원을 한다. 마침 〈하이델베르크〉의 주막 장면에 나올 학생들이 없어 걱정을 하던 차였다. 그러나 학교 당국의 허가 없이 출연했다가 문제가 생기면 큰 낭패이니 먼저 학교의 승낙을 받도록 일렀다. 아닌 게 아니라 공부하는 학생이 무대 출연이란 될 수 없다는 거절이었다. 그때는 더군다나 학생들을 동원시킨다는 것은 큰 문제였다. 그러나 학생들은 퇴학을 당하는 한이 있더라도 좋다는 것이다. 이렇게 나오는데 굳이 막을 수도 없어서 그 책임은 우리가 질 수 없다는 다짐을 받고 하는 대로 내버려 두었다. 학생들은 동경 유학생들이 하는 연극이기 때문에 꼭 나오려는 결심을 세웠던 모양이다. 이럭저럭 겨우 질서가 잡히며 정연하게 시간을 맞추어 나오는 사람들에게 연극의 생명은 연습에 있다는 말을 반복했다. 과거에는 우리와 같은 사람들의 연극 운동이 프랑스나 독일에 있었다는 것과 또 연극과 사회의 관련이며, 연극과 생활의 밀접한 관계와 또 창작 의식의 활발한 활동으로 창의를 넓힐 것을 이야기했더니 주위에 있던 사람들은 처음 들어보는 말이라 연극이 이처럼 훌륭한 것이고 또 무대에 나서는 게 이처럼 놀라운 일이라는 것을 비로소 자각하는 듯 했다. 거리에 나서도 토월회란 명예스런 이름에 우쭐해서 다른 사람의 선망의 목표가 되었다. 날이 갈수록 연습도 완성도가 높아졌고 노래도 피아노에 맞추어 연습을 했다. 제2회 공연의 첫날인 9월 15일 정각 전에 벌써 아래위층이 꽉 찼다. 와글와글 떠드는 게 당시 객석의 특징이라 위층에는 기생들이 드문드문 끼어있고 아래층은 학생들이 많았다.

첫 번에 〈그 남자가 그 여자의 남편에게 무엇이라 거짓말을 했나〉란 1회 때에 실패했던 작품을 다시 상연하였고 다음은 고대하던 〈부활〉이었다. 막이 열리니 러시아 시골집이다. 네플류도프와 카추샤의 사랑의 장면으로 무대 장치는 이별을 하게 되는 청춘 남녀의 애타는 장면이다. 여기에는 그 유명한 카추샤의 노래가 은은히 들려와 관객은 비애에 복받쳐 박수가 요란했다. 제3막–시베리아 눈 오는 벌판은 끝없는데 거기에 서있는 외딴집 앞에는 깜박거리는 희미한 불빛이 은은히 비친다. 이것은 작가 톨스토이가 노린 외로운 인생의 길을 가리키는 등불이다. 카추샤와 공작의 마지막 이별 장면이다. 공작은 카추샤에게 거절을 당하고 슬픔에 넘쳐 울고 떠난다. 세상의 행복도 꿈이런가. 인생의 무상함을 느끼며 벌판에 서있는 외로운 신세, 두 손을 모아 기도를 올리는 카추샤의 마음을 아는지 모르는지 객석에서는 흐느끼는 소리와 함께 우레와 같은 박수로 막은 내렸다. 카추샤 역엔 이월화요 공작에는 안석주였다. 관객은 카추샤를 동정하여 카추샤와 같이 울고만 것이다. 그 같이 카추샤란 연극은 관객의 심금을 울리고 만 것이다. 그리하여 우리가 바라던 바와 같이 큰 성과를 올렸다.

제2회 공연은 뜻대로 연극이 되었고 관객도 초만원을 이루어 우리들의 기분은 뛰어 올랐다. 찾아온 손님들도, 애를 써서 주선해준 신문 기자들도 무대에서나 화장실에서나 극장 사무실에서까지 다 같이 기뻐했다. 그리하여 연극이 파한 후에 열빈루란 중국요리집에서 축배를 올리고 나중에 토월회 만세 3창을 크게 소리쳤더니 지나가던 일본 순사가 만세 소리에 놀라서 들어와 안면방해라고 종로 경찰서까지 끌려가서 시달림을 받다가 우리 일행 가운데 기자들이 섞여있어 무사히 풀려 나왔다. 밤은 늦었지만 순사와 같이 가면서 노래까지 불러 거리를 요란하게 한 것은 기분에 날뛴 탓일 것이다.

이날의 수입은 6백여 원으로 첫날 우리가 찾아온 돈은 2백여 원이나 되었다. 그런대로 안심이다. 제2회 공연을 마치면 갈 사람은 갈 것이니 이런 불의의 변이 있을 거냐. 토월회를 처음 발기하기도 김기진과 박승희였고 애당초는 문예와 미술 방면에 뜻을 둔 동지가 모였던 곳이 토월회이나 어쩌다 우연한 기회에 연극을 하게 되어 1회, 2회 공연을 거듭하는 동안에 토월회의 형체는 처음의 것이 아니요, 점점 순전한 연극 단체로 변형이 되었으니 연극을 하자면 자연

스레 그 방면의 사람이 차지하게 되는 것은 당연한 귀결이었다. 이제는 제법 연극인으로 행세하게 되었으니 그 분들의 앞날을 빌면서 헤어지자는 것이다. 따라서 토월회의 근본 목적이 변화하는 동시에 옛날의 가족 같은 모습이나 분위기는 찾아 볼 수가 없게 되었다. 섭섭한 감정이 가지가지로 솟아 눈물이 나려는 제2회의 공연은 분열의 공연과도 같았다.

남은 것은 빚뿐

〈부활〉을 3일간 계속했지만 관객은 줄어들지 않았다. 3일 동안의 우리 수입은 7백 원이나 되어 우선 한숨을 쉬었다. 나머지 2일간은 〈알트 하이델베르크〉 5막이다. 관객은 오늘도 정각 전부터 들어오는데 막이 올라갔다.

첫 막은 궁전이다. 막이 오르자 먼저 눈에 뜨인 것은 훌륭한 벽화로 된 장엄한 궁전이다. 중앙에 높이 달린 문이 열리자 공자 역의 박승희가 귀골다운 풍차를 떨치며 나왔다. 박사 역의 이백수와 국무총리 역의 이소연이 정중한 경례를 했을 때 벌써 객석에서는 그만 이 위풍에 놀랐다. 〈하이델베르크〉의 주막이 되자 대학생들의 활발한 모습과 난폭한 격투가 있었고, 맥주를 마시며 "시절은 5월이요, 인생은 청춘이다"라는 흥겨운 노래가 뒤따랐다. 케티 역은 이월화로 주점에서 일하는 아가씨다. 케티는 대학생들의 귀여움을 받고 있다. 저 멀리 부자유한 궁전을 떠나 이런 곳을 찾아온 공자는 청춘을 노래하고 인생을 즐기는 자유로운 이 주막에 정이 든다. 공자가 천진난만한 케티를 사랑하게 되었을 때 식무관 역의 연학년이 공자도 몰라보는 학생들이 보기 싫었다. 그러자 학생 역의 안석영이 대장이 되어 결투가 벌어진다. 5막까지 끌어가는 동안에 객석에선 웃음과 눈물과 환희에 휩쓸려 어찌할 줄을 몰랐다. 서울에서 처음 보는 연극이고 처음 듣는 말이었다. 신기한 느낌에 토월회가 하는 것이 정말 연극이라는 이야기가 이사람 저 사람을 통해 퍼져서 온 장안 사람으로 연일 대성황을 이루었으니 감사한 일이다. 이틀 동안에 우리 수입은 5,6백 원은 되었다. 그러니 5일간 우리의 수입은 아무래도 천여 원은 넘어 1천 3,4백 원이 되었다. 비록 적은 수입이었으나 우리로서는 1회 때와 비교해 큰 수입으로 볼 수 있었다. 공연비는 대략 천 원이라면 우습다 하겠으나 그 때는 큰돈이다. 쌀 한 가마니에 10원도 못하던 때였으니 생각하면 정말 옛 이야기이다. 들어간 돈이 나왔다고는 하지만 갚을 부채는 여간 많지 않아 걱정이었다. 일본에 있는 사카가미의 돈이 5백 원이니 갚아야 하고, 1회 때의 진 빚도 주어야 할 것이 아닌가. 그러자니 이번 공연에 든 돈이 빠지지 못하여 다시 빚으로 남게 되고 또한 어수선한 뒤치다꺼리가 남고 이제는 눈물겨운 이별의 곡이 남았을 뿐이다. 남은 사람은 박승희뿐이고 그 외는 새로 참가한 서울서 만난 사람들뿐이다. 이제부터는 토월회를 내가 맡게 되고 말았다. 따라서 그 빚도 내가 맡게 되었다. 떠나는 여러 사람들은 "박승희여 토월회를 맡아보게. 그대는 원래가 연극인 아닌가!"라는 한마디만 남기고 헤어졌다. 일은 이뿐이 아니고 이번 제2회 공연에 출연하였던 분이 나에게 몰려와서 그 보수를 청구했다. 그런 것 약속한일 없다고 거절하였으나 그들은 무엇 때문에 1회 때의 부채만 갚아주고 마느냐, 우리는 1회 때 일은 모른다. 2회는 수입도 많았는데 남은 돈은 무엇에 쓰고 안 주느냐는 질문이다. 이 분들은 토월희가 이번 공연이 끝이라 믿었기 때문에 이런 청구를 한 것이 아닌가 생각되어 매우 섭섭했다. 나중에는 그네들의 태도가 점점 험해져 가는 꼴을 보니 우습지도 않고 네 것 내 것이 없이 서로 돕던 전날 토월회의 친구들이 다시금 새삼스럽게 생각되었다. 이 문제는 여러 날 수익금이 있어 얼마간 주기로 작정하고 일금 150원인가 250원을 7,8인에게 주었다. 받아가는 분에게는 일일이 영수증까지 받았다. 이런 일이 있은 뒤 사회의 여론이 생겨 비평이 나왔으나 그 뒤 흐지부지 되고 말았다.

토월회가 가엾이 되고 자연 수면 상태로 가게 된 이유는 모두가 다시 동경으로 가겠다는 바람이다. 토월회 제2회 공연 때 쓰던 그 무대 그 도구는 그야말로 돈도 돈이지만 얼마나 공이 들었던가. 아무도 돌보지 않아 우리 집 마당에 들여다 놓고 비를 맞아 썩게 되었다. 실내 배경에 벽도 비싼 상품 도배지로 발라 놓은 것들이었는데 보람 없이 내버려 주인도 없는 물건이 되고 말았다. 이 도구를 찾는 사람도 없어 굿을 하고 난 집안같이 쓸쓸하게 세월만 흘러갔다.

때때로 나를 찾아오는 원우전이 하루는 돈을 받아 갔던 사람들이 전일을 뉘우치고 박승희에게 잘못을 했다고 후회를 하더란 소리를 전한다. 그 당시 나를 배신하고 다시 안 볼 줄 알았던 분들이 다시 찾아와 토월회는 그때 해산하고 말 것이라고 속단한 까닭에 무리한 청구를 했는데 그동안 우정을 상하게 한 것을 사과한다는 것이다.

나는 빚에 쫄려, 동경으로 가는 것은 둘째고, 남의 돈을 청산 하라는 바람에 어떻게 할 묘책이 없었다. 그런데 어느 날 김기진이 와서 일본에서 사카가미가 돈을 달란다는 것이다. 그 돈 5백 원이야 줄 돈이 남아있지만 그 빚만 갚고 나면 나머지 청산이 문제였다. 생각다 못해 토월회서 나간 김기진의 입장과 일본서 왔다는 사카가미를 생각하여 불문곡직하고 5백 원을 주고 이자를 탕감하기로 하였다. 사카가미의 큰마음이 아니고야 될 말이 아니었다. 여하간 이렇게 해서 외국인의 동정으로부터 완전히 끝이 나고 말았다.

그동안 나는 새로 〈사랑과 죽음〉이란 극본을 썼다. 아무래도 공연이 있을 것을 노리고 여유 있는 연습과 연극 공부를 시작해 가면서 날을 보냈다. 빚에 쪼들려 할 수 없이 공연을 또 하게 되었으니 1924년 1월 22일의 일이다. 극장 교섭은 잘 안 되고 할 수 없이 한 달 뒤에나 빌려준다는 종로 중앙 청년회관YMCA 대강당을 빌렸다.

청년회에는 연극할 만한 무대가 없어 새로 연단에 무대를 가설하고 전기도 가설했다. 백조사 홍노작을 새로 토월회 문예부장으로 오게 하고 박승희가 회장과 연출부 책임을 맡고 이백수가 출연부 책임을 맡았다. 박승희는 회장이며 회계와 경리를 맡아 면목을 일신케 하는 동시에 내외 일에 주도면밀하게 계획을 세워야 했다. 토월회의 동인 제도는 없어진지도 오래그 오로지 무대 예술을 위하여 진실한 태세를 세우기로 하였다.

〈알트 ㅎ-이델베르크〉의 궁정 무대

극본난

청년회에서 상연할 극본은 〈사랑과죽음〉과 홍노작의 번역극(누구의 어떤 작품이었는가는 알 수 없다)이었다. 반드시 이월화를 오도록 일을 꾸몄다. 청년회 정문 앞에 토월회만 기다란 기를 꽂아놓은 광경이란 마치 무슨 구제회의 의연금을 걷는 기 같아 보여 우스웠다. 무대를 만드느라 뚝딱거리는 소리에 그 직원이 무엇을 하느냐고 묻는다. 연극을 한다니까 깜짝 놀라며 연단에 못자리나 내지 말라고 부탁한다. 우리는 조심에 조심을 했지만 자연 연단에 못을 박게 되니 미안하였다. 홍노작의 번역극은 역자 연출로 〈사랑과 죽음〉은 내가 연출하기로 작정 하였으나 무대가 청년회관이라 모든 장치가 제대로 되어 있어서 그야말로 돈 안 들이고 볼품은 있었다. 그러나 손님 입장과 대소변 보기와 또 장내에서 담배를 못 피게 하는 것들이 곤란하였다. 이번 공연에 특이한 것은 러시아에서 박세민이 귀국하여 우리 토월회에 왔던 일이다. 이분은 플롯을 부는 사람이었다. 바이올리니스트 홍재유와 그 아우 홍성유 또 러시아에서 피난 온 피아니스트인 러시아 부인과 그 외의 음악가들을 모아 우리나라에서 처음 보는 관현악 오케스트라를 만들어 막간마다 명곡 연주로 손님들에게 갈채를 받은 것은 두고두고 생각나는 일이다. 이런 새로운 기획이 생긴 것은 토월회의 발전하는 모양을 보이는 것이나 비용이 많이 들어 오히려 지탱하는 것이 문제였다. 이로 인해 토월회는 장안에서 상하층 인사의 인기를 모았다. 연극의 연기진도 새롭거니와 차차 익숙해져가는 연출진의 영향도 컸다. 모든 것이 경험과 연구로 힘써 가기 때문이었다. 대강당에 손님이 덜 찬 채로 먼저 홍노작의 번역극이 상연되었다. 이것은 대사가 너무 길고 움직임이 없어 지루한 까닭으로 그다지 호평을 못 받았다. 다음번의 박승희 작 〈사랑과 죽음〉은 러시아의 침침하고 투박한 술집 이야기였다. 대학생은 술집 여자 포리아를 만나러 매일같이 왔으나 포리아에게는 힘센 시몬이란 부랑자가 있는 것을 몰랐다. 마침내 시몬과 대학생 사이에 싸움이 벌어진다. 이 주점에서 코팍이란 러시아의 민속춤을 조택원이 추었고 음악 반주가 연극과 같이 간간이 있어 손님에게 기쁨과 슬픔을 북돋았다. 여기 포리아 역엔 이월화, 대학생 역엔 박승희, 이백수는 시몬 역을 맡았다. 막이 내리자 객석의 박수 소리로 강단 안이 떠나갈 듯하였다.

이날 〈사랑과 죽음〉의 주점에서 술을 마시고 담배를 피어 청년 회관에서 하지 못할 짓을 범하여 여러 가지로 문제가 생겼다. 아직도 그때 강당을 빌려준 직원에게 미안한 생각이 있다. 이번 제3회 공연은 첫날보다 둘째 날이 수입이 많았고 다음 3일 날에는 만원이 되었다. 3일간 총수입은 1천 원이나 되었다. 청년회 집세는 기십 원에 불과하였으니 성과는 매우 좋은 편이었다. 돈은 대부분 빚 청산에 없어졌다. 회원들은 모두 연극 수업에 전념하고 싶었으나 돈과 극본 생산의 난관으로 여의치 않았다. 비온 뒤 죽순 격으로 월간 잡지에 가끔 나는 극본을 얻었으나 연극다운 것이 드물었다. 그러므로 자연히 되나 안 되나 내가 혼자서 줄기차게 쓰자니 시간과 재주의 부족이 한탄스러웠다. 문단 인사의 대부분은 소설을 쓰는 분이었고 극본을 써보겠다는 사람은 없었다. 상연할 만한 극단도 없을 뿐 아니라 상연료를 낼 만한 극단도 없기 때문이었다. 그렇다고 차마 신파 극단의 작자에게 줄 수는 없는 딱한 사정이니 연극계는 매우 적막했고 극단은 빈곤했다. 오로지 토월회가 하나 겨우 명맥을 유지할 정도였다.

그해 2월에 우미관을 얻어 제4회 공연을 하기로 했다. 극본을 새로 준비할 시간이 없어 1회 때 했던 〈부활〉을 다시 상연하기로 하고 대개 그전과 같은 배역에 없는 사람만 갈아 넣었다. 우미관은 영화 상설관으로 무대가 협소하고 광선 장치 같은 것은 더군다나 없었지만 여기나마 극장을 얻은 것만 다행이었다. 합숙소를 관수동에 있는 관수 여관으로 정하고 원우전에게 사무실을 지키게 하였다.

〈부활〉은 재상연이라 연습이 오래 걸리지 않았다. 무대 장치는 우리집에서 비를 맞고 있던 것을 이리저리 만들어 쓰기로 했다. 될 수 있으면 돈 안 들이고 하자는 심산이었으나 세상없어도 이월화는 끌어내려고 원우전에게 돈을 주어 이월화 집을 찾게 하였다. 그리하여 공연비는 안 들고 연극을 하게 되었다.

우미관의 제4회 공연은 대만원을 이루어 입추의 여지가 없었다. 재상연이어서 걱정이 컸으나 관객은 만원이었다. 문밖에는 들어오지 못한 손님으로 야단이었다. 첫날 수입 5백여 원 중 우리 수입은 2백여 원이었다. 연속으로 3일간 수입으로 천원이나 우리에게 돌아왔다. 참말로 신이 나는 공연이었다. 그러나 말썽 많은 극장이었다. 그런 무지하고 몰염치한 극장 측의 무리한 요구로 우리는 연극을 하노라 애를 써도 수입의 4분의 1 정도 밖에 받지 못했다. 극장 측의 요구는 이 정도로 무리한 것이었다. 이렇게 된 이유는 신파 극단에게는 빌려주지 않는 극장을 억지로 빌렸기 때문이다.

아무튼 이번 공연에서 토월회는 수가 난 것으로 수문이 자자하여 빚쟁이들이 달려들었다. 우선 급한 대로 갚고 보니 돈은 없어지고 그래도 나머지 빚은 빚대로 남게 되었다. 다만 회원들의 매우 기뻐하는 빛과 우정이 두터워가는 것이 반가웠다. 다시 온 이백수, 이소연도 부지런히 나와 주고 열심이어서 감사하였다. 나의 마음은 연극으로 연극으로 향해갔다. 가시밭 같은 우리나라 연극계를 개척하고 결실을 맺으려는 포부가 생겨 연극을 위하여 싸우다 죽겠다는 결심이 생기게 되었다. 나는 사무실에서 날마다 연극 이야기로 신기로운 꿈을 이루었다. 나는 이때 처음으로 여러 사람들로부터 선생님 소리를 듣기 시작했다. 나를 보는 여러 사람에게 실망이 가지 않도록 나는 연극에 대하여 철저한 공부를 시작하여 밤이면 집에서 공부를 하였다. 알면 알수록 어려웠다. 차차 내가 자거나 놀고 있을 때가 아니라는 것을 알게 되었다. 일반 회원은 이제는 토월회가 극단으로 되어가니까 회원들은 일반 배우나 마찬가지였다. 배우에게도 교양과 지식이 갖추어져야 된다는 것을 나는 강조하였다. 동시에 먼저 행동의 주의를 각별히 부탁하였다. 사회에서 배우라면 천한 계급으로 알기 때문에 우리가 배우로서 새로운 기반을 닦고 품격을 길러야 할 것을 말해주고 만반에 주의하라고 하였다. 그전과 달라 선생 제자가 되니 유난히 내 말에 권위가 있어 보이는 것 같아 모든 사람이 유순히 복종하였다. 이리하여 토월회란 단체의 단합과 협조의 정신을 상기케 하여 참신한 극단이 되어갔다. 회원들은 연극이 하고 싶어 부심하였지만 모든 것이 뜻대로 안 되고 마음만 급하였다. 나는 이 동안에 아무튼 극본이나 준비하자는 심산으로 〈산 서낭당〉이니 〈산속의 비극〉이니 하는 간단한 몇 개의 극본을 썼다. 마침 조선 극장의 경영주가 변하는 바람에 극장이 비게 되었다. 이 기회를 타기로 하고 교섭을 진행하였더니 극장을 쓰라는 것이다. 우리는 서둘러 준비를 갖춰 공연을 시작하기로 했다. 때는 여름이라 더워서 괴로우나 더위나 추위를 겁낼 처지가 아니었다. 공연은 아마 2주일간 계속되었고 극본은 전부가 내가 쓴 것이고 두 프로쯤은 외부에서 들어온 것이었다. 수입으로는 별로 신통치 않았다. 아마도 더운 관계로 다소간 결손이 났던 것 같다. 이때 사건이 생겼으니 그것은 〈국교단절〉이라는 연극을 하는데 대사 중에 "군국주의는 꺾어진지 오래요, 정세는 민주 정치로……"라는 대목이 있었는데 임검 중인 순사가 이것을 지적하고 내일 오전에 종로서로 오라는 것이다. 내가 아침에 가보니 보안 주임이 그런 소리를 함부로 하였다고 비난이 대단했다. 서장이 또 한 번 야단을 치고 결국 무대 뒤에서 읽어준 사람이 누구냐고 추궁했다. 그때 출연자 전옥이 출두하여 자기는 모른다, 무대 뒤에서 알려주기에 그대로 할 뿐이라 하였더니 검열 대본을 가져오라는 것이었다. 검열 당시 삭제가 된 대사이니 보안 주임은 노발대발 책상을 치며 너희들의 연극은 검열 대본도 무시하느냐 한다. 그럼 뒤에서 읽어주며 대준 사람은 누구냐고 부른다. 할 수 없이 뒤에서 극본을 읽어주던 이운방이 들어왔다. 이렇게 야단이 나더니 "너의 극단은 당장에 해산이다." 소리를 지르고 단원 일동과 나를 사법실로 넘긴다고 했다. 아마 이제 무슨 벌을 받는 것으로 알고 갔더니 사법 주임이 그대들은 벌을 받아야 정신을 차릴 거라 하면서 눈을 크게 뜬다. 이 사이 밖에서는 뒤로 운동하는 사람이 있었다. 별안간 고등계 형사가 들어와 사법 주임의 귀에 입을 대고 속삭이자 주임의 얼굴에는 다시 웃음기가 떠오르고 우리에게 고등계로 가라고 한다. 고등계로 가니 거기 주임이 이번 일은 극단의 해산은 물론이요, 단원들도 일주일쯤 구류를 시킬 작정이었으나 이번만은 특별히 모든 죄를 용서한다고 하여 우리는 진땀을 빼고 나왔으나 이운방은 유치장 속으로 들어가고 말았다. 하필 이운방에만 죄가 있으리오만 그 작품 작자에겐 일언도 없이 처리되고 말았다. 그때 경찰은 연극을 잘 몰랐기 때문인가 한다. 우리는 연극을 계속하였으나 단원 한 사람을 희생시킨 꼴이 되었으니 원통했다. 일동은 아무 반항도 못하고 일주일이란 긴 날을 기다렸다.

자금난

이 공연이 끝난 다음 수면 상태로 놀면서 지냈는데 나는 그래도 생각하는 바가 있어 이번에는 톨스토이의 〈산 송장〉을 4막으로 써 보기로 하고 분주한 틈을 타서 구상을 하였다. 이러는 동안에 또 1년이 흘러 1925년이 되었다. 봄이 다시 돌아오자 거리에는 봄을 찾는 사람들로 붐볐다. 이런 시절을 이용하여 다시 단성사와 공연 계약을 맺었다.

〈산 송장〉의 페저아 역엔 이백수, 마샤 역엔 이월화였다. 이 두 사람을 중심으로 우선 대사를 이해하도록 지도를 하여 주고 이 작품이 노린 것에 대한 인식을 갖게 하였다. 부랑인 역의 이소연과 카레인 역의 김해일에게도 각별한 주의를 주고 공부를 시작하였다. 원우전이 배경에 힘을 써주었고 예정대로 선전도 완전하게 되었다.

첫날부터 관객은 만원이어서 극장 문을 닫을 지경이었다. 첫 막은 텐트에서 페저아가 마샤를 기다리고 있다. 옹기종기 모여 있는 부랑인들은 세상을 저주한다. 그저 그날그날의 즐거움만 있으면 그만이란 허무감을 느끼는 소리를 한다. 마침 마샤를 만난 페저아는 마샤를 사랑하지만 자기는 마누라가 버젓이 있는 몸이다. 페저아는 마샤와 어깨를 나란히 하고 유랑의 길을 떠나면서 처량하게 노랠 부른다. "갈까보다 말까보다 오로라의 밑으로"라는 노래는 카추샤와 같이 부르는 유명한 노래로 서울서는 다 알고 있는 노래였다. 애를 끊는 듯한 노랫소리와 멀리서 들리는 종소리는 눈물겨웠다. 처량한 주인공을 동정하여 박수소리는 요란하였고 3일간 연속하여 연극의 인기는 그대로 높아갔다. 우리의 활발한 걸음에 감히 대항할 연극단은 없었다. 서울의 연극은 토월회뿐이란 소리까지 났다.

나는 극단 전체의 중요한 일을 하였기 때문에 분주하였고 공연마다 내 극본이 필요할 뿐 아니라 써야할 의무와 책임에 몰려 무대 출연까지 할 만한 시간이 없었다. 내가 무슨 연기자의 천분이 있는 것도 아니고 하여 나의 출연은 이것으로 마감하고 극본 제공에나 전념할 것을 결정하였다. 극본은 홍노작이 옆에서 힘을 더해주어 한결 마음이 든든하였다.

단성사의 공연은 그럭저럭 수지는 맞았으나 연극으로서는 대성공을 못 본 셈이다. 이후로부터 차차 서울에는 신파 연극을 볼 수 없게 되었다. 신파란 일본말인데 일본 구극에 대해 신파라는 것이었

다. 무대는 전부 일본 가정이고 연극은 진고개의 일본 극장에서 하던 신파의 엉뚱한 번역극이니 대본이 있는 것도 아니고 연출이 있는 것도 아니었다. 일본 핫비はっぴ 조각이나 걸치고 칼을 들고 나와 그저 죽이는 게 연극이다. 이런 것이 우리 생활과 무슨 연관이 있다고 일본 탈을 쓰고 나와 이 연극을 우리가 받아들였는지 알 수 없었다. 거기에는 우리들의 인정도 의리도 아닌 일본식의 권선징악만이 있을 뿐이었다.

토월회 역시 해놓은 것 없이 몇 개 성상을 지냈다. 남은 것은 빚뿐이었다. 연극을 제대로 못한 것은 이때나 그때나 돈이 없는 탓이다. 아무런 예비금도 없이 동서대취로 연명은 하였으나 그 내용을 살펴보면 눈물 나는 일도 많았다. 하루살이 같은 토월회를 보신 분 중에는 우리나라 연극 운동이 어느 기업체로 되어야 살 길이 열릴 것을 짐작하리라. 그렇지 않으면 밑 빠진 독에 물붓기로 이 노릇을 할 수 없다. 전용 극장에 전속 배우가 있어 그 생활을 보아줄 수 있는 경영이 있어야 비로소 이 나라의 연극을 살리는 길이라 믿어진다. 우리와 같이 주머닛돈이나 털고 남의 빚으로 연명하는 것은 그 고심과 노력이 말로 표현할 수 없이 드는 언어도단의 비극이다.

이런 상태로 휴연하여 2,3년을 경과하니 회원들은 뿔뿔이 헤어져 버렸고 일껀 쌓아놓은 공든 탑이 무너지고 말았다. 공연을 하고 싶으나 돈이 없고 동시에 오래 놀고 보니 여러 사람들도 자연 마음이 해이해져서 다시 재기할 용기조차 없었다.

뜻대로 연극도 할 수 없고 각각 분산된 회원들이 여기저기서 만나 즐겁던 옛일을 말할 뿐, 남은 것은 지난날의 추억뿐이었다. 연극을 하노라고 이 극장 저 극장으로 장돌뱅이처럼 돌아다니지 않고 한 곳에서 줄기차게 해볼 수는 없을까 하고 내 딴에는 생각도 많이 해봤다. 그러자면 대자본이 필요했다. 연극도 연극이거니와 회원들에게 단체적 협동정신을 기를 길이 없는 것이 한이 되었다. 나로서는 연극을 버릴 수는 없었다. 여러 가지 번민과 공상으로 나는 심히 시달렸다. 그래서 모든 책임을 내가 짊어지고 토월회와 운명을 같이 하기로 나는 결심하였다.

연극 상설관을 세우다

이러는 동안에도 서울에 헤어져 있는 회원들을 모아 서울 근방으로 순회공연을 몇 번 해보았다. 조선 극장, YMCA로 혹은 우미관, 단성사 등의 문을 두드렸다. 더러는 새로운 극본을 올렸지만 동지들의 분산을 막을 생각으로 재상연을 하기로 했다. 그러나 시세의 불리는 여전하였고 사람들의 합심은 풀어지기 시작하였다.

이리저리 공연은 드문드문 하였으나 신통치 못했으며 오히려 반감만 산 것은 토월회 운영의 자세한 고민을 모르기 때문이었다. 규율이 없어지고 명령은 아무 위엄이 없어 억지로 명맥을 이어가자니 기가 막히는 일이다.

나로서는 여간 고민이 되지 않아 다른 방도를 강구해 보았으나 아무 소득도 없었다. 그러나 첫째는 돈 문제와 둘째는 극본의 생산난으로 뾰족한 수가 없었다. 그럭저럭 공연수는 19회를 넘었건만 아직도 앞길은 멀었다.

나는 여유 있는 가정에서 자랐다. 돌아가신 아버지의 유산이 있는 것을 알고 어머님께 조르기 시작했다. 이것을 가지고 연극을 한다니 완고한 어머님이 허락하실 리가 없었다. 어머님은 깜짝 놀라시면서 말리신다. 그러나 나는 며칠을 두고 졸라서 어머님의 허락을 얻었다. 어머니는 내가 막내둥이었기 때문에 지극히 귀여워하시던 터라 그동안 연극하노라 얻은 빚도 어머니의 주선이 많았다. 어머니는 늘 연극 때문에 걱정하셨다. 그리하여 내가 받은 것은 충청도 땅 3백 석이었다. 이것은 연극의 길을 가는 나의 정열과 청춘과 함께 소모되어 없어졌다. 어머님의 그 크신 사랑을 나중에 생각하면 뜨거운 눈물이 저절로 볼을 적신다. 이 3백 석의 대금은 그때 시가로 수만 원에 불과하였지만 여하간 돈의 위력은 커서 아들의 정열과 어머니의 사랑이 무서운 불길이 되어 하늘 높이 솟아올랐다.

나의 생질인 정원택(보성 전문학교 상과 출신)에게 회계 사무를 맡기고 이서구와 같이 그 전과 다른 포부를 가지고 연극 상설 극장을 얻자는 결론을 얻어 다시 토월회를 거두어 세울 방침을 말했다. 서울에 극장을 돌면서 교섭해보았으나 안 되었다. 결국은 황금정黃金町(현재 을지로)에 있는 명색이 극장이라는 광무대光武臺가 교섭 대상에 올랐다. 이곳은 옛날부터 협률사라 하여 여러 기녀들이 노래나 해서 노인들의 위안처로 삼았던 곳이다. 이것도 일본인 고리대금

업자의 소유로 경영은 단성사의 박승필이 맡고 있었다. 극장이 작고 청소를 하지 않아 매우 더러웠으나 매일 15원이란 임대료로 우선 만 1년을 경영하도록 계약이 성립되었다. 그때가 아마 1925년인가 보다.

때는 4월쯤이었는데 갑자기 토월회 회원들을 소집하고 기쁜 소식을 전했다. 모두들 연극을 다시 할 수 있다는 것을 다행으로 생각하여 그날부터 우리 극장이 된 광무대로 모여들었다. 청소를 하고나니 그야말로 보잘것없었지만 내 집처럼 자유롭게 쓰게 된 것이 기뻤다. 이야말로 듣는 사람마다 놀라는 연극 상설관이었다. 우리는 고난과 싸워 1년 동안 아두 사고 없이 보내기를 약속하였다. 상설 연극을 하자면 출연자도 모자라지만 극본이 제일 문제였다. 3일 만에 프로를 바꿔야 되는데 이 난관을 극복할 것이 큰일이었다. 그 대책을 세우지 못한 채 극장을 먼저 정하고 말았으니 앞길이 캄캄하였지만 내가 극본을 전부 쓰겠다고 장담하고 나섰다. 모두들 눈이 동그래졌다. 물론 감당하기 어려운 줄은 나도 잘 알지만 이번 일은 나의 비장한 결심으로 되는 것이라 그만한 각오가 있었던 것도 사실이다. 3일 만에 한 프로를 장담하는 나도 역시 대담한 노릇이었다. 그 해 4월 10일경 전원을 무대에 집합하고 비장한 나의 결심을 토로했다. 우리는 우리가 이 무대 의에 쓰러져 죽는 것을 두려워 아니 하노라, 만일에 그것을 두려워할진대 이 기회에 물러가라, 우리나라 연극의 봉화는 토월회가 들었으니 앞길은 천리만리 알 수 없는 길을 달려야 하는 줄 아는가, 이 불이 가다가 꺼져도 안 되고 붉게 타는 이 불길은 어느 때나 한결같이 꺼짐이 없어야 하는 것이다. 연극의 길을 위하여 발전과 향상의 길로 명랑과 자신을 잊지 말고 우리는 굳세게 나가자고 나는 말했다. 여러 사람들은 내 말에 감동되어 손을 잡고 흔들었다. 감격에 넘치는 이날은 토월회가 사 길을 찾는 날이다. 떡을 한 시루 쪄서 무대 가운데 놓고 막걸리 말이나 사오고 북어도 갖추어 놓았다. 그리고 의상계의 송 씨가 의관을 갖추고 공손히 절한 뒤 우리들은 먹기 시작하였다. 이런 의식은 우스운 절차지만 주위를 경건히 하고 각자 심경을 깨끗이 하자는 노릇이었고 서로 친목과 협동심을 내자는 것이다. 떡을 한 조각씩 들고 서로 마주보며 막걸리를 권한다. 이 정경이야말로 우리들의 친밀감을 더하여 준다.

다음날은 오래 쉬었던 터라 사람도 많이 변하고 일도 변해서 새로 책임 부서를 만들었다. 총 경리에 박승희, 문예부 경리에 홍노작, 연출부 경리에 박승희, 출연부 경리에 이백수, 경리부 경리에 정원택, 미술부 경리에 원우전이었다. 그동안 정원택의 동창 친구 정해영이 자금을 내겠으니 합자 회사로 하자고 했다. 그러나 그는 지방 사람이라 별로 달갑지 않아서 거절하였다. 연극이 무엇인지도 모르는 사람이고, 또 자금을 낼만한 사람인지도 모르고 합자란 당치 않다고 해버렸다. 그러나 여러 사람이 우겨서 결국은 극장 앞에 합자 회사 창립 사무실이란 푯말을 걸어, 보는 사람마다 합자 회사가 되었느냐고 의아하게 여겼다.

그 다음은 여배우 문제였다. 아무튼 여자 문제로 처음부터 고생하던 생각이 난다. 이서구 말이 기생살이를 집어치우고 있는 석정희를 영입하면 될 듯하다는 것이다. 나와 이서구는 석정희를 찾아가서 교섭을 했더니 어렵지 않게 승낙을 받았다. 다음에는 복혜숙을 교섭하여 이 분도 어렵지 않게 승낙을 받았다. 이만하면 진용은 어울려 갔고 남자도 충분하지는 못하지만 공연을 할 수 있는 정도는 되어 안심이 됐다.

극본은 이제부터 구상을 세워야 되었다. 그러나 아무래도 처음에는 극본 미비로 얼마동안 연극만으로는 시간을 채울 수가 없어 광무대의 노래꾼을 약 30분간 그대로 쓰기로 정했다. 그 보수는 일급 최고가 1원으로 생각된다. 우리 토월회 회원은 수지가 맞을 때까지 무보수였으니 정말 미안했다. 복혜숙은 월급 80원, 석금성은 월급 60원으로 정하고 이런 중에도 남자들은 연극을 하기 위해 한푼도 받지 못하게 되니 딱한 일이었다. 극단에서 매달 여자에게 월급을 주는 제도는 이것이 효시일 것이다. 그리고 매일 전원에게 교통비로 평균하여 20전씩을 주기로 정하였다.

무대 앞 장막을 벨벳으로 새로 만들어 친 것도 이것이 처음으로 생각된다. 만반의 준비를 하여 놓고 첫 프로는 〈희생하는 그날 밤〉

과 〈얻은 떡이 두레 반〉이란 역시 나의 작품이었다. 너무 서양 번역물만 하는 것이 안 되어서 이제부터는 창작극이나 번안한 것을 주로 하기로 했다. 배경은 원우전의 일류 솜씨로 제작되었고, 제법 극장 안이 정돈되었다. 각 부의 책임자가 있어 엄격한 감시와 독려를 해 갔다. 이와 같이 살림이 짜여 갈수록 여러 사람의 능률은 올라갔다. 사무 처리상 이서구가 전무가 되어 신문사에서 나오면 밤에는 우리와 같이 극장 사무실에서 분주하게 일하였다. 첫날에는 손님이 그다지 많지 않았다. 아직도 선전이 부족한 탓이었다. 그러나 오는 손님마다 대담한 상설 극장을 세웠다고 놀랐다. 모두가 안 된다며 말리는 빛이다. 나는 나의 신념대로 굽히지 않고 큰소리쳤다. "이 자랑스러운 일이 끝까지 자랑하게 될 것인가 하는 것은 다만 우리의 노력과 성의에 달린 것이다……"

촛불을 켜놓고 연극 상연

첫날의 수입은 겨우 130원이 되었다. 그래도 단원들의 기분은 형언할 수 없이 좋아서 그날 밤에는 다 같이 무대 위에서 다과로 환성을 올렸다.

여기서 상연한 극본은 거의 내가 쓴 것으로 〈진세의 진경〉, 〈간난이의 설움〉, 〈추풍감별곡〉, 〈데아 브로〉, 〈칼멘〉, 〈국회의 비밀〉, 〈농 속에 든 새〉, 〈교장의 딸〉, 〈헤어지는 겨레〉, 〈월요일〉, 〈인육시장〉, 〈시들은 방초〉, 〈국교단절〉, 〈장가들기 싫어〉, 〈복사 잎이 필 때〉, 〈심청전〉, 〈춘향전〉, 〈혈육〉, 〈눈 나리는 밤〉, 〈고향〉, 〈이 대감 망할 대감〉, 〈강물은 흐른다〉, 〈장화홍련전〉, 〈회사원 돈을 세어봐라〉, 〈안개 건너 산속에 가보라〉, 〈두 홀아비〉, 〈모반의 혈〉, 〈장발장〉, 〈배주고 뱃속을 빌어먹다〉, 〈지나간 시대〉 등이고 이외에도 많으나 지금 생각나는 것은 이것들이다. 김기진의 〈목장의 형제〉와 다른 분들의 것도 몇 편이 있었다. 이런 생각을 지금하게 되면 그때 내가 어떻게 견디어 냈는지 놀랄 지경이다. 그러나 지금은 그 정열이 어디로 가버리고 추한 노골이 된 것만 서럽게 여길 뿐이다. 그때는 내가 30대니 3,4일 계속 철야를 한들 겁이 나지 않고 낮에 연습무대를 돌보아도 몸의 괴로움을 몰랐으니 참말로 젊은 시절이로구나 할까? 이 괴로움을 누가 짐작하리요. 아침에 일찍 나와 극본을 먼저 찾을 때 내주는 것이 무상의 기쁨이었지만...... 약 한 달을 지내고 나니 그때는 저급한 손님은 없어지고 그래도 식자계급 손님이 많아졌다. 그러나 이런 사람은 얼마 되지 않는 관계로 이때부터 수입 때문에 골치를 앓게 되었다. 여러 가지 궁리 끝에 할 수 없이 기생들의 소리를 집어치우고 막간으로 다른 것을 하기로 했다. 나는 국악계의 선배이자 선생인 하규일 옹을 찾아 우리나라 고전 무용을 무대에 올리겠으니 어떤가 그 소견을 물었더니 참말로 좋은 생각이라 하면서 제일 먼저 춘앵무를 올리도록 권하였다. 그때 나는 춤이 만들어진 시대와 형식 등을 알았고 그동안 이 춘앵무를 함부로 춰왔으나 이것도 역시 무대 장치가 필요한 것을 들어서 알았다. 나는 들은 대로 배운 대로 금색을 띤 장치를 하고 선생의 소개로 기생 심 모를 소개받았다. 이때는 지금과 같이 무용 연구소나 고전 무용가가 없었기 때문에 자연 기생이나 짐작하는 까닭에 기생을 청한 것이다. 과연 무대 장치와 산뜻한 의상이 조화되어 가락에 맞추어 나

부끼는 품이 과연 춘앵무답다. 손님들은 열광적으로 박수를 보냈다. 우리의 첫 시험이 이처럼 성공하였고 연속하여 프로가 갈릴 때마다 반드시 춤의 종목도 변하여 다음은 칼춤, 승무 등이 모두 기원과 누구의 안무로 시작된 것을 따져 그때의 창안대로 장치를 하였다.

우리는 1년 동안 연극을 상설하게 되었으니 번역극만으로는 할 수 없고 앞으로는 될 수 있는 대로 창작으로 해보겠다고 하였으나 극본이 나올 곳이 없고 또 창작극을 만들기까지 그 노고가 여간이 아니기 때문에 할 수 없이 자연 번역극이 오르게 되었다. 동시에 관객의 구미에 맞도록 이리저리 애를 썼다. 어찌 되었든 손님이 오는 게 문제라 여러 사람 말이 한번 유행가로 연극을 만들어 보자는 것이다. 이리하여 유행가 〈시들은 방초〉 등을 쓰고 또 번안극으로 〈데아 브로〉라는 것도 써보았더니 과연 손님은 왔다. 그러는 한편 대외로 극본을 물색하였으나 없기도 하지만 당장 우리 무대에 올릴 마땅한 것이 없었다. 점점 극본난이 시급히 닥쳐오나 선후책은 없고 나 홀로 애를 쓰고 짜내지 않고는 안 되었다. 가을에는 홍노작 편극으로 이광수 작 〈개척자〉와 〈재생〉, 〈무정〉 등을 상연하여 간신히 무대를 유지해 나갔으나 경영난으로 여전히 신음하였다. 그래서 별수 없이 일반 대중을 끌어들이는 재미있는 연극을 찾아내기는 하였다. 그러나 시간이 없는 나로서 여러 가지 책을 읽어볼 수도 없고 사실 줄기차게 쓰는 것이 큰일이었다. 이때 전무 이서구는 사임하고 새로 김을한이 전무로 취임하였는데, 이분은 20대 청년으로 혈기왕성한 분이었다. 사활 문제가 걸렸으니 나더러 단시일 내로 〈심청전〉과 〈춘향전〉을 극본으로 쓰라는 것이다. 이것이 우리의 사활 문제를 좌우할 것이니 신중히 생각하라고 권한다. 드디어 우리의 살 길이 여기 있는 것을 나는 짐작하였다. 이 해는 을축년 장마로 수십 년 만에 뚝섬물과 한강이 넘도록 큰 장마로 연일 큰 비가 쏟아졌다. 사면에서 물에 세간과 재산을 띄우고 울고 있는 피난민 소동으로 깊은 밤에 각 신문사 구호반까지 출동하여 수재민 구호에 정신이 없을 때이다. 그러나 우리 극장은 쉬지 않고 연일 공연을 계속하였다. 연중무휴란 선언에 의하여 충실할 뿐인데, 어느 날에는 손님이 일곱뿐이다. 전기도 나간 날 밤이라 빗소리만 요란하여 참으로 처량했었다. 촛불을 무대와 객석에 켜놓고 연극을 하는데 너무 손님이 적으니 극장 앞에 있는 사람이라도 무료로 들여놓고 연극을 하잔다. 할 수 없이 그렇게라도 연극을 하였는데, 그 옛날이야기를 아는 사람은 아마 알고 있으리라. 그때 영화관 같은 곳은 물론 하지도 못하였다. 피난민들의 난리 속에 연극을 한다는 것은 미안한 일이나 미리 선전을 했기 때문에 오는 손님을 그대로 보낼 수가 없어서 강행을 했을 따름이었다. 그 뒤로 물난리에 손님은 더욱 줄어들고 이 난관을 파헤쳐 나갈 도리가 없었다.

정열과 희망으로 고난 극복

이렇게 무리와 염치를 불구하고 촛불로 조명을 대신하여 연기자 표정까지 보태게 했다는 억지 춘향이야 말로 우스운 일이다. 우리의 고집은 온갖 고난을 겪는 중이라도 쉬지 않고 한다는 것을 내세운 것에 불과하였건만 일반 대중은 오히려 우리가 한 짓을 칭찬하고 놀랬다. 더욱이 여러 단체에서는 격려와 더한층 정진할 것을 당부하였다. 이 소문이 서울 시민에게 퍼지자 누구 한 사람 우리를 꾸짖는 사람은 없었다. 적자만 늘어가는 연극을 계속해간 것은 오로지 우리의 정열뿐이었다. 우리도 죽어 쓰러지는 한이 있을지라도 무대를 떠날 수 없다는 각오를 가졌기 때문에 우리들은 오직 연극을 위하여 정진할 수가 있었다.

이때 우리들은 매일 밤마다 연극이 끝나면 전원을 무대 위에 세우고 최초의 결심과 단결을 끊임없이 깨우쳐 항상 우리의 가슴에는 피가 끓었다.

무슨 일이든 선두에서 발기하고 주장하면 아무도 반대는 없었고 곧 실행에 옮기어 그 일이 성취되도록 노력하였다. 그렇기 때문에 일은 절로 되는 듯하였다. 물론 수입은 거의 없었다. 그러나 "일심전력"이란 이 정신이야말로 광무대 1년간 연극을 계속한 제일 큰 원동력이었다.

연기진에는 복혜숙과 석정희(나중에 내가 예명으로 석금성石金星이라 하였다)가 서로 인기를 다투었으며 남자로는 이백수와 이소연이 서로 인기를 다투어 내부로는 암암리에 좋은 의미의 경쟁이 있어 오히려 재미있었다.

석금성은 과거 석정희란 기생이므로, 아는 사람이 많고 얼굴이 잘 알려져서 자연 손님의 화제에 흔히 올랐다. 기생 시절에는 인기가 굉장하였기 때문에 충청도 내포 해미에 사는 어느 부호의 자제와 연애를 하였던 시절도 있었다. 그녀는 그 당시 종로 근처 큰 거리에 아직도 초가집 상점이 즐비한 때에 여자로서 처음 승마복에 말을 타고 채찍을 갈기면서 대로를 달리기도 하였다. 지나가는 사람치고 누구나 발을 멈추고 이 아름다운 승마복의 여인을 보지 않은 사람이 없었다. 그 뒤에 연애는 일장춘몽으로 그 애인과 발길이 멀어져 음울한 세상을 지내고 있던 터였다.

복혜숙은 그의 부친이 예수교 목사이며 그 가정이 엄숙하였지만 그는 일찍이 뜻을 연극에 두고 이 길로 나가던 터라 우리나라 여성으로 대담하여 원대한 포부를 가졌다. 초기에는 약간 신파 연극도 하였다가 다시 느끼는 바가 있어 극단의 선배 현철의 배우 학교에 적을 두고 열심히 공부하고 있었다. 그러다가 토월회에서 상설 극장을 세운다는 소문을 듣고 배우 학교를 뛰어나와 이상과 희망에 불타는 그의 열성을 토월회 무대 위에 바치기로 하였다.

이러한 환경 속에서 드 사람의 경쟁은 치열하였으나 역시 연기로 보아 석금성이 복혜숙을 못 당하였고 인기도 복혜숙을 당할 수 없었다. 복혜숙은 고등 여학교를 나온 그야말로 유식한 분이었고 그의 범절이 누구보다도 뛰어나서 여배우들의 대선배로 숭배를 받았다.

이백수와 이소연은 두 분이 다 같이 한산 이 씨의 일가 되는 사람으로 친해야 할 분들이지만 늘 말이 없이 이소연은 대사만 외우고 이백수는 늘 자랑만 했다. 이러한 분위기 속에서 두 분이 서로 주역이 되려고 경쟁했으나 역시 이 백수의 주연이 많았다.

여자는 복혜숙과 석금성이 서로 주연이 되었는데 이때는 별안간 신인도 없었지만 우선 갑자기 쓰는 극본이라 이 네 사람을 상대로 쓰는 게 연습 시간이 안 들고 이 네 사람의 성격에 맞도록 쓰는 것이 상책이었다. 하다가 하다가 우리는 새로운 연기자를 고집하기로 의논이 합의되어 신문에 더서특필로 토월회의 새로운 연기자 모집 광고를 내었더니 신입 연기자 원서가 170명이나 들어왔다. 광무대 극장은 낮 공연을 하는 것처럼 사람들이 북적거려 갑자기 우리들은 활기를 띠었다. 이 중에서 7명쯤을 선발할 것을 정하고 심사할 방법을 숙의하였다. 먼저 문제를 내어 필기시험을 보았다. 이 가운데서 약 30명을 선발하였고 나중에 구두시험과 대사 읽기와 동작 등을 보고 나서 7명쯤을 추려내기로 하였다.

시험 성적은 거의 급제는 못되었지만 간신히 심사원의 후의가 움직일 수밖엔 없었다. 그때 심사원은 홍노작, 박승희, 이백수, 이소연 등이었다. 그때 응모자를 살펴보면 학생, 회사원, 공무원, 무직자 등이었다. 이만하여도 연극의 관심이 각 방면에 있는 것을 알 수 있었다. 이것이 토월회의 몇 년간 애를 쓴 보람이라 하겠다. 필기시험에 "너는 너를 아느냐" 하는 문제로 그들에겐 상당히 어려운 문제였으리라. 선발된 사람은 다음과 같다.

양백명, 서월영, 이운방, 박제행, 서일성, 윤성묘, 김수련 등이다.

이분들은 오랫동안 연기를 닦고 공부를 하여 급기야 유명 스타로 나중에 토월회의 중진이 되어 그 공이 많았다. 그러나 얼른 이루어진 것은 아니고 다년간 갖은 고생과 단련 끝에 된 눈물겨운 성공이었다. 이 외에 강석재, 강석연 자매 등 여자들도 많았으나 지금은 기억조차 나지 않는다. 그러나 몇 송이 꽃들이 무대 위에 피었던 것만은 기억에 있다. 이들뿐만 아니라 무단히 와서 무난히 사라진 별들도 많았는데 그분들의 한 때의 고생은 굉장하였다. 선발된 이분들을 처음엔 연구생이라 하고 먼저 있는 분들을 간부로 올려 출연케 했다. 이 새로운 의도에 의해 모집된 분은 연극에 열성이어서 그 공이 날로 이루어져 먼저 박제행이 얼마 뒤에 중간부로 승급하였고 나머지 분도 역시 중간부가 되고 먼저 간부는 대간부로 승진하였다.

이 새로운 분들이 밤을 새워 공부와 연습을 하여 모두가 명성을 떨쳤다. 당시 남대문 밖 세브란스 병원에서 연구원으로 근무하던 윤성묘는 하루도 빠짐없이 점심 도시락을 들고 집에도 못간 채 바로 극장으로 왔다. 모든 불편을 참아가며 연기 연마에 열심이었으니 특기할 일이며 아무튼 아침만 먹으면 극장으로 나와 배우며 대사 외우기에 생활 전부를 바쳤다. 이런 곤란을 겪으면서 연기자가 된 것이지만 연극이 끝난 뒤 밤참 값으로 20전을 받는 것이 그날의 즐거움이었다. 참말로 미안한 일이다. 전체로 보아 하루에 10전도 여간 어려운 일이 아니어서 그나마 수입이 없을 때에는 못주기도 했다. 그러나 누구 한 사람 불평과 불만을 말하는 사람은 없었다. 이것이 토월회의 자랑이며 일상 항사로 되고 마니 이네들의 직업이란 이렇게 빈궁한 것이었다. 그래도 이것을 자랑삼아 일심협력하여 앞날만을 바라보며 살아갔다. 이때는 인심이 순박하고 청년들의 마음이 정직했기 때문에 한사코 곤란기를 극복하고 만 것이다.

악단의 여왕 윤심덕 오다

이때 일본 동경 우에노 음악 학교를 마치고 고국에 와서 소프라노 독창으로 인기를 끌던 윤심덕이 익명으로 편지를 했다. "나 같은 것도 연극을 할 수 있을까요?" 하고 주소를 적어 뜻이 있으면 한번 찾아와 달라는 것이다. 불현 듯 가보니 그전부터 알던 윤심덕이었다. 옛날 기억이 새삼 났다. 그러나 이분이 연극을 하겠다는데 의아한 생각이 나서 그의 결의를 타진해 보니 틀림이 없었다. 나는 생각해볼 여지도 없이 같이 하자고 쾌락해버렸다.

돌아와 전원에게 이야기하자 모두 깜짝 놀랐다. 궁여지책으로 앞을 개척하려는 판에 그 방법을 가리랴. 마치 사막에서 샘물을 판 것 같이 새로운 희망에 뛰어 즉시 선전에 착수하였다. 윤심덕은 극장으로 나오는 동시에 자기 집에서도 아주 나와서 하숙할 집을 얻겠다기에 황금정 일본인의 하숙을 얻었다. 윤심덕의 고향은 평양이었다. 서울 이화학당을 마치고 동경으로 가서 음악 학교를 우수한 성적으로 졸업한 여성으로 성격이 쾌활하여 남자 같았다. 그 인물이 미인은 아니지만 번듯한 얼굴에 큼직한 키가 매우 활발해 보였다. 당시 서울에서는 보기 드문 타입의 여성이었다. 윤심덕이 토월회로 옴으로 대내외로 벌컥 뜨들어 어느 나라의 여왕이나 공주를 맞이한 것과 같은 센세이션을 일으켰다.

그러면 무슨 연극을 할 것인가를 의논하여 영화 〈동도〉를 편극한 이경손의 극본을 먼저 올리기로 결정을 보아 윤심덕의 가진바 역량을 발휘하게 하였다. 이 공연은 윤심덕으로 인하여 오래간만에 대만원을 이루었다. 그러나 그의 장기인 노래가 없는 연극이고 보니 섭섭하여 다음은 〈카르멘〉을 3막으로 편극하여 그중에 노래를 넣어 공연키로 하였다. 이것도 내가 쓴 것으로 〈카르멘〉의 유명한 노래는 모두 삽입하여 윤심덕이 소프라노로 불러 관객의 열광적 환영을 받았다. 제아무리 대담하고 무척 뱃심이 좋다 해도 무대에 나갈 때마다 사시나무 떨 듯하는 그녀의 모습은 우습다기보다는 무대란 이렇게 무서운 것인가 하는 생각을 먹게 했다. 그의 상대역인 이백수도 등에서 땀이 났다고 한다. 이 연습이야말로 연일 밤을 새우느라 고생이 컸다. 한 손에 극본을 들고 무대 뒤에서 대사를 외우고 있던 윤심덕도 독창과 달라 마음을 진정치 못하는 듯하였으나 극중의 노래하는 장면만은 관객의 열광적 박수를 받았으니 그녀도 비로소 마음이 놓였을 것이다. 연 3일간의 만원은 광무대 토월회가 처음 보는 상황이었다. 연극이 끝난 뒤 화장실로 돌아온 윤심덕은 등에 땀이 흐른다는 이야기를 해서 모두들 웃던 생각이 난다.

이렇게 순조롭게 연극이 진행되는 중에 〈카르멘〉의 제2일에 윤심덕의 형님이 광무대로 찾아왔다. 이 말을 전해 듣자 윤심덕은 객석에 형님이 와있으니 큰일이라면서 간신히 연극을 끝내고 무대 뒷문으로 형님을 피해 나가고 말았다. 무대로 형님이 들어왔을 땐 이미 윤심덕은 없어진 뒤였다. 형님은 노하여 여동생이 있는 하숙을 대라고 하였으나 우리는 모른다고 해버렸다. 그러고 나서 하숙으로 찾아가니 그는 호젓한 방에서 화장도 지우지 못한 채 앉아 있었다. 이야기를 듣고 보니 그의 형님은 연극을 매우 반대한다는 것이다. 그러나 자기 애인은 연극을 아는 사람인데 현재 전라도 구석에 감금당하고 있어 윤심덕과는 만나볼 수도 없었다. 무슨 방법으로 집안에서 반대하는 두 사람의 사랑을 성공시킬 것인가를 생각 끝에 자기가 집에서 뛰어나와 자유롭게 지내겠다고 마음을 먹게 되었다는 것이다. 그러고 보니 토월회는 윤심덕의 피난처가 된 셈이었다. 그 뒤로도 그의 형님은 낮이나 밤이나 찾아왔으나 일체 만나지는 못했다.

윤심덕의 애인은 목포 부호의 자제인 김수산이라고 그랬다. 윤심덕과는 일본서 알게 되어 두 사람은 애정을 서로 주고받게 됐던 모양이나 김수산에게는 이미 처자가 있을 뿐더러 집에서 반대하여 애정은 결실을 맺지 못하게 된 것 같았다.

이런 정신적인 방황을 윤심덕은 토월회 무대 위에서 정리하려는 심산이었다. 그 당시에도 이러한 사정이 남녀 사이에 흔히 있었다.

새로 취임한 전무 김을한이 하루라도 빠르게 〈춘향전〉을 준비하자고 재촉이다. 마침 윤심덕의 진퇴 문제가 닥쳐올 모양이니 속히 상영하자고 법석이었다. 나는 극본 준비에 착수하고자 〈춘향전〉의 자료를 수집하기 시작했다. 간신히 서둘러 이해조의 〈옥중화〉와 〈고본 춘향전〉과 또 신문관에서 출판한 최남선의 번역판 〈춘향전〉을 얻었다. 이것들을 재료로 불철주야로 서둘러 5막 7장의 연극을 만들었다. 될 수 있는 대로 재미있는 장면이나 대사를 넣어 보느라 그야말로 재주를 다 내어 내 일생일대의 대장편을 만들었다. 이 연극은 장면의 변화도 같았지만 배역이 많아서 한 사람이 두 역을 맡게 되어서 연습하기에 주야를 가리지 않고 정열을 기울였다.

이런 시기에 이백수가 중병으로 금강산 석왕사에 누워버려서 이 도령 역은 이소연에게 맡겼다. 춘향 역은 복혜숙, 향단 역은 석금성, 방자 역은 양백명으로 정하고 춘향모 역은 윤심덕이 하게 되었다.

인기를 모은 연극 <춘향전>

이럴 때 또 큰 문제가 생겼으니 그것은 중요 간부인 이백수, 이소연, 복혜숙, 박제행 등이 탈퇴한다는 것이다. 이 괴변은 문예부 경리 홍노작이 지금까지 해오던 것을 고치려 한데서부터 생겼다. 홍노작의 의견은 지금까지는 기성 배우를 주역으로 쓰고 그들을 중심으로 하였지만 이제부터는 점차 신인들을 주역으로 쓰기 시작하자는 것이다. 이 말에는 일리가 있다. 늘 그 사람만이 있어야 되는 걸로 생각하는 것은 잘못이다. 연출부 경리 박승희로서도 찬성했던 것이다. 점차 이 성향이 짙어가니 기성 배우들은 자기네의 지위와 권위가 없어져 마침내는 토월회를 쌓아온 그들이 뒷방차지가 되고 말 것이라고 생각한 끝에 나가서 새로운 조직으로 연극을 하겠다는 것이었다. 우선 선봉으로 이백수가 아프다며 <춘향전> 준비를 보면서 석왕사로 가고 복혜숙, 이소연, 박제행은 서울에 남아 있었다. 먼저 나는 김을한을 만나 일의 경과와 초점을 말하고 복혜숙, 박제행에게도 의사를 물어 보게 되었다. 그러나 이 문제로 한때는 손님에게 입장권을 물어주는 추태까지 있었다.

결국 이백수만 빠지고 다시 모두 와서 춘향에 복혜숙, 이도령에 이소연, 옥중 맹인에 박제행 등이 등장하게 되었고 그 외에도 약간 불평하는 자도 있었으나 다 같이 살자는 나의 말에 복종하게 되었다.

그러고 나니 검열이 문제였다. 교섭한 결과 본정 경찰서(지금의 중부 경찰서)에서 〈춘향전〉은 조선의 고전 창극으로 검열이 필요없고 흥행허가원만 내라는 것이다. 이만해도 종로 경찰서 같이 착살맞게 굴지 않으니 감사하였다. 이곳은 종로와 달라 단련을 주거나 꾸지람이 없었다.

이 연극의 옛 형식과 절차를 알려고 옛날 분들을 찾아다니며 어사가 출두할 때의 자세한 것을 뒤져내고 관아에서 거행하는 하관들의 관습도 알았다. 원래 〈춘향전〉은 옛날부터 장면마다 창극을 하였던 것인데, 이것을 연극으로 하는 데는 많은 힘이 들었다. 이때는 가을인 듯했다. 연습을 하다 보니 저녁이 되었는데 벌써 객석에 손님들이 들어와 있었다. 아직 의상도 못 가져왔고 또 명월관에 부탁한 남원부사 생일잔치에 쓸 요리상도 안 왔다. 그러나 〈춘향전〉이라는 바람에 손님들은 일찍부터 흥겨워 찾아든 것이다. 원우전은 무대 뒤에서 배경과 장치를 준비하느라 분주하였고 한편에서는 무대 연습이 한창이라서 이날의 분주한 광경이란 이루 말할 수가 없었다. 그뿐이랴. 무대 뒤엔 창을 대려고 온 명창 김창룡이 벌써 와서 기다리고 있었고 취주악대 십수 명이 무대에서 벅적거려 그야말로 장터에 나온 것 같은데, 우리 공연을 축하하러 온 고마운 손님들을 대접할 겨를도 없었다. 아직도 불충분한 〈춘향전〉을 내세우기에 미안하였으나 이미 약속한 터라 막을 올리게 되니 분주한 것도 분주하지만 우선 두서를 가릴 수가 없었다.

제1막은 광한루다. 버들가지에 장장채승을 매어놓고 거기에서 그네를 뛰는 춘향이와 광한루에서 이 모양을 바라보고 흥겨워하는 방자의 대화는 손님을 웃겨서 호감을 샀고 더구나 우렁찬 김창룡의 창은 더욱이나 손님들의 정취를 돋우었다. 제2막은 사랑의 장면으로 객석이 고요하여 아기자기한 그 장면이 더욱이나 〈춘향전〉의 격을 맞춰주었다. 옥중막에서 이도령과 춘향의 대화는 관객들의 수건을 적시게 하였고 여기저기서 울음보가 터져 무대 위의 두 사람도 눈물을 흘렸다. 이 극중의 최종막인 어사출두는 지극히 유쾌한 감정을 관객에게 주었다. 이날의 관객은 유식층이 많고 그 다음은 학생이요, 또 그 다음은 기생과 가정부인이다. 평생 광무대가 어딘지 거기서 무엇을 하는지도 모르던 관객들이다. 연기자도 애쓴 보람이 있어 만족하였다. 그중 걱정하던 이도령 역을 맡은 이소연의 열연은 전후를 통하여 성공하였으며 춘향 역의 복혜숙의 인기는 올라가고,

춘향모 역의 윤심덕과 옥중 장님 역의 박제행도 의외의 큰 성공으로 광채를 내었으며 양백명의 방자 역도 웃음보따리를 터뜨려 그렇게 연습 부족으로 애를 태우던 〈춘향전〉이 아무 실패 없이 첫날을 끝내니 밤 새로 한 시 반이나 되었다. 이런 새벽 시간에 극장이 파한 것은 우리나라는 물론 세계 어느 나라에서도 볼 수 없었던 일일 것이다. 이 때문에 경찰서 숙직 경관에게 여러 차례 가서 사정을 하였다. 돌아갈 손님도 불편을 덜기 위하여 동대문 전차과에 교섭하여 밤중에 특별히 전차 3대를 내어 관객의 편의를 도모하였다. 지금 같아서는 생각조차 할 수 없는 일이었다. 우리 회원들도 돌아가지 못하고 극장에서 밤을 새워가면서 오늘의 성공을 기적이라고 하였다. 그러나 피곤한 생각은 조금도 없이 신바람이 난 우리들은 다음 프로에는 〈심청전〉을 하자고 나를 졸랐다. 그것도 역시 대작이다. 소홀히 시작할 수는 없었지만 나는 여러 사람의 간청에 못 이겨 해보기로 당장에 결심하고 그 다음날 〈심청전〉 자료를 모아 들였다. 이 〈심청전〉은 참말로 산만한 전설 같아서 그 어느 것을 중심으로 잡아 만들어야 할지 어려웠다. 그러나 이것을 전부 동화식으로 혹은 만화식으로 취급했다가는 실패하기 위한 〈심청전〉이 되겠기에 할 수 없이 나의 반 창작으로 이것도 5막으로 해볼까 생각했다.

〈춘향전〉은 날이 갈수록 인기가 높아가서 무대는 정돈되고 연기는 점점 늘어가니 보는 사람마다 찬사를 퍼부었다. 우리들도 그대로 열심히 할 것을 재삼 다짐했다. 벌써 1주일이나 연기를 하였지만 손님은 그대로 들어와서 연기를 더해볼 예정을 세웠다. 그래서 10일간을 더 연기하기로 했는데 다시 관객의 요청으로 도합 22일을 연기했다. 이때는 밤에만 공연을 했던 관계로 연일 만원을 이루었다. 이 〈춘향전〉으로 우리는 처음 보는 기록을 남기고 말았다. 오늘 생각해보면 기적 같은 노릇이었다.

지방 순회 공연

이번 〈춘향전〉이 곤궁에 빠진 토월회를 살려 참으로 고생 끝에 낙이 되었다. 당장 빚에 고개를 못 들던 토월회가 간신히 머리를 들게 되어 전원에게 위안의 밤을 정하고 그동안 애쓴 분들을 위로도 하고 몇 푼 안 되는 돈이나마 나누어 쓰게 되었다. 여러 사람은 감사를 느끼고 전의 백배나 되는 용기를 냈다.

〈춘향전〉을 공연 중 〈심청전〉의 대사를 나누어 외우기를 간청하였더니 연기자들은 〈심청전〉을 받고 이렇게 쉽게 대사가 나왔느냐고 놀랬다. 곧바로 연습을 시작하니 피곤한 그네들에게 미안한 노릇이었다.

〈심청전〉은 〈춘향전〉과 같이 복잡하지는 않지만 여러 사람들의 피어린 정성으로 연습에 과히 힘이 안 들었다. 이 연극도 역시 만원으로 일주일 계속하였으며 일반의 찬사도 들었다. 더욱이 가족 단위로 오는 사람들이 많이 눈에 띄었다. 각 신문에 〈춘향전〉과 〈심청전〉의 극평이 났는데 대개 호평으로 이런 연극은 우리의 자랑거리라고 하였다. 그때는 신문에 연극평이 나는 것은 매우 드물었다. 이것이 선전이 되어 각 지방에 있는 극장에서 편지 혹은 사람이 와서 초청을 한다. 그러나 아무 계획 없이 지방 순회란 생각할 수가 없었다. 그러자 대구 만경관의 이제필이 특별히 초청을 함으로 우리는 지방 순회를 하기로 하고 우선 전무를 대표로 현지 상황을 조사하도록 했다. 새로 나온 〈시대일보〉 지국의 후원을 얻게 되었는데 그 지국의 이 모라는 가장 활동력이 있는 기자가 있어 그의 노력으로 선전이 잘 되었다. 대구, 부산, 전주, 마산, 여수, 통영, 삼천포, 전주, 광주, 목포, 군산, 대전, 김천, 천안 등지를 돌아온 전무는 좋은 조건을 말하며 가자고 하였다. 지방 인사들도 매우 원하는 바이니 한번 경험삼아 모험을 무릅쓰고 출발을 하자고 한다. 결국 우리가 앞길을 타개하자면 모험도 무릅쓰고 나아가 새로운 살길을 더듬자는 것이다.

이런 일은 잘못하면 도중에서 일행이 큰 난관에 부딪칠 것을 염려하여 주저하였으나 우리가 서울서 겪는 난관을 생각할 때 거절하기도 어려웠다. 할 수 없이 출발 준비를 하고 대구까지 가는 여비를 우선 만들었고 그래도 걱정이 되어 전무를 다시 대구로 보내어 돈을 가져오게 했다. 돈은 만경관의 이제필과 〈시대일보〉 대구 지국에서

대었다. 일행 37명이 〈춘향전〉의 극본 등 무대 도구를 뭉쳐 경부선 행 열차에 탔다. 그런데 또 사건이 생겼으니 그것은 윤심덕이 목포서 애인 김수산이 상경하여 일본 동경으로 같이 떠나게 되어 대구 공연은 못가겠다는 것이다. 억지로 말릴 처지도 못되어 곧바로 대역을 다른 여자로 바꾸었으나 윤심덕이 빠져 매우 섭섭하였다.

일행은 처음 나선 지방 공연이라 그래도 흥에 겨웠다. 제반 계획은 전무가 어느 정도 세워서 안심하고 대구역에 내리니 낮도 지나가고 있었다. 마침 역 앞에는 〈시대일보〉 깃발과 만경관의 깃발과 토월회의 깃발이 나부꼈다. 일행은 차에서 내리니 전무가 내 손을 먼저 잡고 반가이 닺으며, 마중 나온 여러 사람을 일일이 소개하였다. 정거장 밖을 나서니 일행이 타고 들어갈 인력거 수십 대가 준비되었고 도구를 싣고 들어갈 손수레까지 여러 대가 준비되어 있었다. 앞에는 옛날 조라치 의상을 입은 악대가 타고 그 다음 일행 30여 명이 인력거를 타고 또 도구를 실은 손수레가 뒤따랐다. "릴리리 꿍꽝" 하는 소리가 옛 기분을 자아내니 그 음악 소리에 거리의 사람들이 달려 나왔다. 사람들은 대구 감영의 감사가 도임할 때 나던 소리라고 떠들어 댔다. 그 뒤에 허울 좋은 서울 도련님, 아가씨 서방님들과 또 그 뒤에 손수레에 실린 세간 같은 짐을 바라보고 깜짝 놀랐다. "야! 토월회로구간!" 하며 모여드는 사람으로 길이 메어졌다. 이러한 선전 방법은 〈시대일보〉사의 생각이었다. 극장까지 와서 감사하다는 인사를 하고 곧바로 일행은 가두선전을 나갔다. 그때는 이런 선전이 어디서나 있었다. 거리에서 "토월회다" 하는 경상도 사투리로 떠드는 소리는 오늘의 인기를 짐작케 한다.

극장 계약은 서울과 같은 조건이었다. 첫날에는 극장 문을 채 열기도 전에 관중이 몰려왔다. 삽시간에 만경관은 만원이 되어 순사들이 나와 입장자를 정리하느라 분주하였다. 한 옆에서는 사다리를 타고 2층으로 오르게 되니 유리창이 부서진다, 문짝이 떨어진다 하여 이런 수라장은 대구서 처음이라 한다. 벨벳 막(이것은 서울에서 가지고 왔다)이 올라가자 무대나 옛날 의상이나 거행 절차나 대사 같은 것이 모두가 처음 보는 것이라 관객들은 크게 감동하여 박수 소리는 우레 같고 여기저기 캄캄한 구석에서는 울고 웃는 소리가 있을 뿐 만원의 관객은 숨소리조차 없었다.

대성황

다음날로 〈세계일보〉 대구 지국의 성의 있는 선전으로 독자 위안회를 하여 더욱 만원의 성황이었다. 대구 지방에서 〈춘향전〉을 3일간이나 계속 상연하였다. 3일 후 다른 것으로 프로를 바꾸었음에도 만원이었다. 대구 지방에서는 토월회 연극이 참말 연극이라는 말까지 생겼다. 5일간 총수입에서 4일분이 삼천 원이나 되었다. 지방 순회 첫 장소에서 아무 결손도 없이 무난하게 떠나게 되었다.

처음 지방 공연을 떠날 때 전원에게 단단히 주의를 했지만 어느 날 지방의 유지 여러분이 찾아와서 같이 점심을 먹으러 중국요리점에 갔었는데 2층에서 내려다보이는 기생집 안방에서 마침 우리 회원 중의 양백명과 서일성이 술을 마시고 있고 그 옆에 기생이 보였다. 아마 그 기생에게 늘아난 모양이다. 나는 매우 분하였다. 여관으로 돌아와 그들을 불러 여러 사람들 앞에서 너희는 외입쟁이가 되려고 대구까지 왔더냐고 대단히 꾸짖었다. 서울서 무엇이라 다짐을 받았느냐, 대낮에 그런 곳을 가도 좋다고 했느냐고 나무랬다. 그들은 단번에 잘못을 깨닫고 내 앞에 고개를 숙이며 용서를 빌었다. 그러나 나는 용서할 수 없어 당장에 서울로 가라고 야단을 쳤다. 단체의 체면도 잊어버리고 규율도 생각지 못하는 자는 이곳에서 사라지라고. 옆에 있던 여러 사람들이 이번이 처음이니 용서하란다. 할 수 없이 용서하고 만 일이 생각난다. 그런 일이 없었다는 자랑이 아니다. 지금 생각하면 배우를 초등학교 학생처럼 취급한 완고부지한 일이라 하겠지만 그때로서는 그렇게 엄한 풍조를 기르느라 얼마나 애를 썼는지 모른다. 우리 토월회의 위신을 세우고 몸단속에 게으름이 없었기에 토월회는 대외적으로 대접과 애호, 환호를 받았던 것이다.

연극에서 성공하고 대구에서 큰돈을 벌어간다는 말이 있었지만 그것은 남들이 하는 말이고 쓰고 남은 돈이란 많은 것이 아니었다. 다시 대구를 떠날 때 경찰에서 호출이 왔다. 그 이유인즉 성루에서 조회가 왔는데 우리가 하는 연극이 도무지 틀려먹었다는 것이다. 확실한 근거도 없는데 조회에 의하여 미리 기합을 주는 모양이었다. 그리하여 일찍 떠나지 못하고 오후에야 부산으로 갔다. 여기서는 〈동아일보〉사 후원으로 초량 중앙 극장을 정하였다. 큰 도움은 없었으나 대구의 소문이 선전되어 대구처럼 성황은 아니었지만 결손이 날 지경은 아니었다. 부산에는 일본인이 많이 살고 우리 사람은 그 밑에 종노릇하는 정도였다. 중앙 극장도 일본인의 소유이다. 운영도 우리 사람을 위해서 하는 것이 아니었기 때문에 주민들에게 그리 애호를 못 받는 극장이었다. 부산에서 5일간이나 있었는데 별안간 부산 경찰서에서 나를 호출했다. 오전 9시경에 갔더니 보안주임이 큰소리로 "토월회는 뭐하는 단체냐?"고 묻는다. "연극하는 단체다."라고 하니 여기에도 무슨 조회가 온 모양이다. "그럼 무슨 연극을 하느냐?", "아무거나 한다.", "너희들은 불온사상을 선전하는 게 아니냐?", "아니요.", "너희가 아무리 큰소리 쳐도 쓸데없는 일이다. 우리 대일본 제국은 육해군과 군함 등으로 군국의 평화를 유지하고 있다. 너희들이 조그마한 극쯤으로 대항할 것인가?", "우리는 대항하고 싶지 않다. 다만 우리는 연극이나 해서 연명을 하련다.", "그럼 먹고 살겠느냐?", "먹고 살도록 하련다. 그러나 우리는 배가 고픈 것보다 머릿속이 텅 비어 이것부터 요기를 하련다.", "만일 너희들이 일본 정책에 순응하지 않으면 알지, 일본의 해군과 육군은 너희들을 당장에 불 속에 넣어버릴 것이다." 하고 뚱뚱한 보안 주임은 주먹으로 책상을 친다. 을러대기는 이렇게 굉장하지만 사실은 무능한 자 같다. 나도 뚱뚱하기는 매일반인지라 마주 배를 내밀면서 눈을 크게 뜨니 그는 힘에 질려버렸다. 나중에 서장의 훈시답지 않은 훈시를 장시간 들었다. 우리는 섬세한 주의를 기울여서 말성 없이 끝을 냈다. 그러나 서울에서 몇 번 기합을 받았으나 별일은 없었는데 이제는 지방으로 조회하여 이처럼 들볶는 줄 알았다. 점점 탄압이 심해지는 조짐으로 알고 부산에서 통영으로 갔다.

통영은 바닷가로 뱃사공들이 많이 살고 있는 곳이다. 3일간이나 공연을 하였는데 원체 작은 곳이라 별로 관객은 많지 못하였고 첫째 이런 문화적 행사에는 마음도 없거니와 시간을 즐길 줄 아는지조차도 의문이었다. 충무공 사당에 참배하고 시가지로 다니면서 구경도 하였는데, 참말 고요한 마을이었다. 앞에는 바다가 시원한 바람이 불 때마다 비린내가 난다. 정말 항구 같다. 가로 세로 놓인 길은 정말 촌스럽고 고요하고 적막한 것이 마치 꿈속 세상을 찾아온 느낌이 든다. 여기서는 예상했던 바와 같은 수입이 없어 간신히 떠나게 된 셈이다.

다음은 진주이다. 여기는 옛날 감사가 왔던 곳이다. 시가지가 컸다. 그러나 진주 극장은 일본의 가부키 극장 같고 극장다운 설비가 없었다. 이곳 흥행주 박금암은 매우 친절하게 대해주어 고마웠다. 첫날을 성황리에 끝내고 다음날 촉석루 아래 의암이란 곳에 가서 논개의 넋을 술 부어 위로하였다. 여기서도 3일간 머문 다음 마산으로 향하였다. 이곳에서도 3일간 공연을 했다. 이곳은 관객이 많아 다 들어가지 못하고 돌아간 사람이 많았다. 마산서는 처음 보는 성황이라 하였다. 더 연기를 하라는 부탁도 있었으나 아무래도 지방의 수입으로는 견딜 수 없다는 이유로 떠났는데 떠나기가 매우 어려웠다.

광무대 직영 실패

이곳 경찰서에서는 〈인육시장〉이라는 연극을 트집 잡아 또 나를 오라하여 장시간 기합을 주더니 그 연극을 그만 집어치우는 것이 어떠냐고 물었다. 그러나 우리는 정한 프로가 되어서 그럴 수가 없다고 누누이 사정을 하고 나왔으나 마음은 불안하였다. 점점 갈수록 억압만 심해갔다.

다음은 삼천포로 물결이 거센 포구였다. 역시 적막한 포구이며 고요한 거리에는 장꾼들이 벅적거리고 있다. 여기서 3일간이나 공연을 간신히 끝내니 떠나갈 만한 수입이 남았다. 촌사람들과 하룻밤을 지내고 여수로 왔다. 여기는 삼천포보다 번화하나 역시 촌으로 사람들은 순박하였다. 여기서 3일간 공연을 끝내고 간신히 떠났다. 이곳도 별로 찾아볼 명승고적도 없었다. 여기서 떠나 목포로 갔다. 여기도 오자마자 쓸데없는 경찰의 간섭으로 날을 보내다 간신히 사정해서 2일간 허가를 얻었다. 〈동아일보〉 지국 후원으로 지국장이 경영하는 여관에 일행은 투숙했다. 결국 결손이 나고야 말았는데, 애꾸눈의 동아일보 지국장의 말이 "밥값은 염려 마시오. 오나가나 그놈의 왜놈 경찰서 때문에 무고히 결손을 당하니" 하면서 "사내 대장부가 세상을 다니는데 그깐 놈의 걱정을 하더란 말이요. 어서 가시오. 뒷일은 내가 맡겠소." 한다. 이 신선한 말에 우리는 감사하였는데 알고 보니 순전한 민족주의자로 그 지방에서는 유명한 인물이라 한다. 여기서 전주로 떠났는데 혹시나 단원의 사기가 저하되지나 않았을까 안심이 안 되었다.

그동안 바닷가로만 돌다가 별안간 도시라고 오니 눈이 현란할 지경이다. 우선 전주의 유명한 비빔밥으로 점심 요기를 하고 거리를 살피니 사람들이 여물고 매몰차서 수입이 있을 것 같지가 않았다. 아니나 다를까 수입이 없어 빚을 지고 떠나서 광주로 갔다. 전주보다는 큰 듯한 새 도시이다. 여기서 3일간 공연은 목포와 전주보다 나아서 순조롭게 떠나 군산으로 왔다. 역시 여기도 소식불통이어서 토월회가 무엇인지 〈춘향전〉이 무엇 하는 것인지 도무지 모르는 곳이었다. 그것도 그럴 것이 이곳은 항구에서 먹고 사는 데 바빠 연극 같은 것은 아는 척할 새도 없다는 것이다. 3일간 억지로 정말 억지로 마치고 그곳 사람들 표정을 살피니 기쁜지 즐거운지 알 길이 없다. 이곳에는 아무런 미련도 없이 떠나 대전으로 왔다. 여기서는 토월회도 알고 〈춘향전〉도 알고 있었지만 비가 와서 공연을 망쳤다. 원래 우리나라 사람은 비만 오면 꼼짝달싹 못하는 터라 더군다나 경찰서에서 오너라 가거라 하는 통에 일은 흐지부지 되었다. 그곳 〈동아일보〉 지국장 방두환의 힘이 많았다. 수입은 엉망이었다. 대구서 좀 벌었다 해도 이곳저곳에서 결손을 채우느라 없어졌고 앞의 일이 큰 문제였다.

다음은 김천이었다. 이곳은 적고 아담한 도시로 퍽이나 맑고 명랑한 도시였다. 비록 그 살림은 작으나 매우 평화스러운 곳이다. 이곳에서도 경찰서의 압력이 심하여 첫날 낮부터 시위가 대단하여 대표자가 불려가서 훈시와 다짐을 받고 〈동아일보〉 지국장의 담보로 나왔다. 3일간이나 공연을 했는데 이곳 모 은행에 근무하는 이대갑이란 젊은 친구와 새로 사귀게 되어 매일 놀러 와서 그의 혜택을 많이 입었다. 이곳을 떠나 천안으로 왔다. 여기서의 3일간 공연은 의외로 관객이 많아 수지가 맞았고 입장笠場 같은 곳의 광부들의 후원이 컸다.

거의 1개월을 보내고 서울로 오니 반가웠다. 마중 나온 여러 사람들과 손을 잡으니 웬일인지 눈물까지 난다. 그동안 극장은 신파극단에 빌려줘 간신히 매일 세금을 냈다는 것이 그만해도 우선 안심이 되어 극장으로 들어가니 지방 공연에 일행이 고생한 일을 위로한다. 우리는 고생보다 큰 경험을 얻었다고 큰소리치고 그날 밤에 막걸리로 서로가 위로를 하며 희희낙락 하며 밤이 늦도록 놀았다. 지방 프로는 다음부터 따로 할 것을 다짐했다. 흥행에 익숙지 못하여 쩔쩔매던 생각이 기억에 남아있다. 아무튼 이번 일은 대단한 것을 한 것이다.

토월회 일은 어느 때나 그랬지만 무턱대고 나가는 무계획성을 절실히 느꼈다. 아직 객지 생활을 못해본 도련님들이라 어느 때나 향수에 젖었던 일이 생각난다. 다시 우리의 서울 공연을 준비하기로 작정하고 전주서 새로 쓴 〈요부〉 3막을 올리기로 하였다. 오래간만에 연습을 시작하니 또다시 새 맛이 난다. 우리의 한없는 창의를 돋우는 듯 열심히 하여 귀향 기념 공연 첫날이 되었다. 그러나 무모한 지방 공연은 아무래도 토월회에 큰 타격을 주어 그 타격이 눈에는 띄지 않았으나 은연 중 영향을 끼친 듯 도무지 공연 수입이 올라가지 않아서 이렇게 앞으로만 1년을 채울 일이 큰 걱정이었다. 이제는 희망도 없고 기대도 없이 어떻게 4월 초순까지 갈 것인지가 걱정이었다. 사기도 줄어들었다. 그 뒤로 어떻게 운영을 하여 살아갈 것인지 캄캄하였다. 여하간 공연은 연이어 하였으나 별로 기억에 남은 일은 없고 이 곤경에서 벗어나지 못하여 허덕이던 기억뿐이다. 간신히 만 1년이란 계약을 하고 호언장담으로 기세를 부리던 토월회는 문을 닫고 헤어지게 되니 집 없는 거리의 천사가 되어 버렸다. 백방으로 연명할 방법을 모색하였으나 아무런 기적도 없어 전원은 1년이 되자 눈물을 뿌리면서 정든 광무대를 떠났다. 1926년 4월 10일에 한 자리에 모여서 원통하고 분한 말로 작별을 했다.

동지들은 동으로 서로 오라는 곳, 가라는 곳도 없이 헤매게 되고 말았다. 그러나 연극을 하겠다는 그 마음은 잊을 수가 없어 그 뒤로도 서울을 중심으로 여기저기 또는 인천, 수원, 개성 등지로 공연을 하였으나 수입은 없었다. 간 곳마다 결손이 나서 그나마도 못하고 다음해 1927년에 아주 헤어졌다. 울음소리와 헤어지기 어려운 사설이 낭자하였다. 나는 참말로 미안한 말도 못한 채 돌아서서 눈물을 씻고 말았다. 나는 그저 "매일 한집안 한 무대에서 놀던 우리 동지여 잘 가거라. 다시 만나세!" 할 뿐이었다.

단원 중에는 그 후로 우후죽순 같이 일어나는 극단으로 간 사람도 있고, 아직도 토월회를 기다리는 사람도 있었으나 토월회의 재건이란 바라기 어려웠다.

조선 극장에 다시 모이다

수만 군사의 죽음을 당한 패장 같이 나는 심사도 불편하였고 너무도 세상이 야속하고 싫어졌다. 마음은 약할 대로 약해지고 간간히 그전에 떠들던 동지를 만나 옛일을 추억할 뿐, 감개무량이었다. 그 때는 극단도 많이 생겨 그 소식이 들어오는데 누가 무슨 극단을 조직했다, 어디서 무슨 극단이 공연이 있다 하는 소리를 들을 때마다 반가웠다.

마침 조선 극장으로 적을 옮긴 원우전이 고요히 잠든 문을 두들기고 나를 찾았다. 조선 극장 신용희라는 지배인이 있는데 영화와 연극을 함께 해보고 싶다고 하며 연극은 한 시간으로 하는데, 여기에는 박승희를 초빙하여 토월회 연극을 하고 싶다는 것이다. 결국 신용희와 나와 회합한 후 결정이 되었으나 내 마음에는 만족하지 못했다. 연극이면 연극이지 영화는 무엇인가? 나는 어느 정도 모욕감을 느꼈다. 그러나 이만해도 밀려들어오는 외국 영화에 대항하는 듯 하여 제휴하기로 작정하고 계약을 했다. 무대 배경과 도구는 조선 극장에서 해주고 의상까지 책임을 졌다. 우리는 가서 연극을 하고 극본을 댈 뿐으로 일탄 연기자에게도 매월 급료를 지급하기로 하였다. 이것이 바로 1930년쯤 되었을 것이다. 그때 나에게까지 돈을 준다기에 그것은 다른 연기자에게 주라고 거절하였다. 조선 극장에 자리를 잡고 우선 안도의 숨을 쉬고 3일 만에 우리는 바로 프로를 영화와 같이 바꾸기도 하였다. 그리하여 우리는 바로 조선 극장의 전속 극단처럼 되었다.

이때 조선 극장에선 무성을 발성 영화로 바꿀 때였다. 무성 영화가 폐지되며 반주하던 음악도 자연 없어지는 것이지만 그 반주자들은 토월회 연극이 들어옴으로써 없어지는 것이라 오해를 하고 우리에게 반감을 가졌다. 반목은 감정적으로 변하고 말아 우리들을 마치 원수같이 알게 되었다. 조선 극장 측의 강렬한 태도에 견주어 싸움까지 일어났으나 우리는 안중에 두지 않았다. 결국 연극이 들어오자 반주의 음악대는 없어지고 그 대신 전축을 사용하여 연극에도 영화에도 반주를 하게 되었다. 이 악사들은 원래 구한국의 군악대로 있다가 이것이 해산되자 극장으로 자리를 옮긴 나이 많은 분들이다. 이들을 퇴직금 한 푼도 없이 내보내니 노인들이 실직 상태에 직면하자 반항하였던 것이다. 그때는 늦은 가을인 듯 날짜는 기억 못하나 추운 때였다.

오랫동안 소식 없던 토월회의 소식은 비록 독립적으로는 출발하지 못하였으나 영화의 곁붙이로나마 하는 것이 반갑다 하여 일반 관객들은 기뻐하고 환호하였다. 첫날은 2막짜리 연극을 하였는데 수입은 상당하였고 극장에서도 매우 좋아하는 눈치고 우리도 성의껏 열의를 냈다. 그런데 영화 해설자(변사)와 또 문제가 생겼다. 해설자들은 이러다가는 자기네들도 실업할 시기가 얼마 남지 않았다고 구수회의를 거듭하여 암투가 시작되었다. 영화와 연극을 한 뒤로 손님이 많아져서 극장에서 연극을 위주로 하려는 빛이 농후해지자 더욱 심한 반발을 보이게 되었다. 이런 때라 우리도 허리띠를 졸라매고 무대의 진용을 다시 정비하고자 신입회원을 모집하였다. 지원자는 80여 명이나 수준은 먼저 모집할 때보다 높았다. 그때 온 사람은 강석재, 강석연 자매, 최승이, 최은연 자매, 김선영, 심 모 이외에도 몇 명이 있었다. 작품에 특별한 주의를 가하게 되니 인기는 점점 상승하고 모든 일이 순조로웠다. 이것을 본 변사는 더욱 의심을 품고 갖은 방법으로 방해를 하였지만 아무 효과도 거둘 수 없었다. 극장은 우리와 손을 더욱 굳게 잡았다.

이리하여 우리 연극도 특별 프로를 내야만 하겠는데 극본이 문제였다. 그때는 마침 왜놈들의 정책이 우리들을 죽일 것 같이 들입다 덤비는 판이었다. 농촌엔 먹지 못하고 문전옥답을 다 뺏긴 동포들을 만주 벌판으로 이민을 시켰다. 이 때문에 눈물을 흘리며 고향을 떠나는 사람이 얼마나 많았는가? 인심은 사나워지고 우리는 장차 어디로 갈까하는 소리가 여기저기서 날 때였다. 나는 이것을 테마로 물론 허가 문제도 생각하고 〈아리랑 고개〉라는 극본을 썼다. 경기도청 경찰부로 검열을 보냈더니 하루하루 밀며 허가를 안 해준다. 이 사유를 아는 신문 기자들이 달려들어 주선을 해주었지만 그래도 허가는 안 나왔다. 나중에는 작가인 나를 호출했다. 가보니까 내용이 불온해서 허가를 할 수 없다고 한다. 사정을 하여도 듣지 않고 연극을 계속하려거든 그 작품을 그만두라는 것이다. 대사의 구절을 더러 삭제하고라도 해달라고 간청하였다. 그러니까 그럼 다음에는 일본 연극을 하겠느냐고 해서 급한 마음에 하겠노라고 하니까 그러면 해준다고 한다.

우리들은 절름발이 병신인 〈아리랑 고개〉를 들고 눈물겨웠다. 허가는 되었으나 이것을 어떻게 할지가 막연했다. 그런대로 연습을 시작하고, 별수 없이 대사를 이리저리 돌려 새로 만들고 원우전에게 배경 제작을 시작하라고 하였다. 그러고는 대대적으로 선전을 시작하였다. 신문 기자나 극장 측은 그렇게 대단한 것이냐고까지 물어온다. 신문 기자는 신문에 곧 간단한 줄거리와 배역을 내어 크게 떠들어주었다. 그 배역은 이러하다.

봉이鳳伊　　　석금성石金星

길룡吉龍　　　　이백수李白水

길룡 아버지　　윤성묘尹星畝

봉이 아버지　　박제행朴濟行

등의 경연이었다.

감격의 〈아리랑 고개〉

〈아리랑 고개〉 연습이 착착 준비가 되어 첫날에는 정각 전에 관객이 만원이었다. 먼저 영화 한편이 끝나고 〈아리랑 고개〉의 막이 올라갔다. 객석이나 무대는 긴장하였다. 〈아리랑 고개〉가 실막을 통해 아련히 보이는데, 길룡의 이백수와 봉이의 석금성이 이별하는 장면에서 객석이 울기 시작하자, 무대 뒤에 있던 일꾼들까지 운다. 연기자는 물론이요, 흐느끼는 소리로 장내가 소란하였다. 혹은 기둥을 안고 발버둥 치는 사람도 있다. 나를 잡고 "선생님 왜 이리 울게 썼습니까?" 하고 묻는 사람도 있다. 객석이나 무대 뒤나 경관석이나 극장 사무실이나 할 것 없이 울음보가 터지듯 이렇게 울리기냐고 야단들이다. 이때 그래도 일본인 순사는 허가해준 대본을 들고 삭제한 부분을 뒤적거리고 우리 순사는 모르는 체 눈을 감고 있다. 바가지 쪽을 걸머지고 고향 산천을 떠나는 가련한 농민들은 땅을 치며 대대

손손 이 땅의 흙을 주무르며 살던 우리가 어디로 갈 것이냐고 땅에 주저앉아 대성통곡을 한다. 손을 잡고 따라가는 철모르는 어린아이는 엄마 아빠 배고파 하며 운다. 이를 바라보는 관객들은 극장이 초상난 집 모양으로 울음소리를 내었다. 막을 내리자 객석의 관객이 무대까지 올라와서 작가를 보자고 한다. 말 못할 우리의 설움을 밝혀 함께 울게 한 것이다. 수입은 조선 극장이 생긴 뒤 처음이라 한다. 이런 호평이 환호 속에 연속으로 20일간을 계속되었다. 이 〈아리랑 고개〉에서 석금성이 울다가 기절까지 하여 별안간 의사가 온다하여 법석을 떨던 일도 생각난다.

그 뒤에 〈제칠왕후〉에는 전기광선으로 비가 오고 눈이 오는 것과 바람이 부는 광경을 보여 또한 호평이었다. 그 뒤 〈지나간 시대〉, 〈호접은 춤춘다〉, 〈품행조사〉, 번안극으로 〈불여귀〉, 〈실격〉, 〈장한몽〉을 상연하였다. 그사이 1년 동안 개벽사의 박진이 나와 극본과 연출을 도와주어 한결 틈이 생겼다. 이러다가 조선 극장에서 신남을 대동하여 함경도 지방으로 순회공연을 떠났으나 나는 못가고 이백수가 전원을 거느리고 갔다. 불과 1개월이 못되어 결손을 메울 수가 없게 되니 일행은 돌아오고 이것이 원인으로 조선 극장과 헤어지게 되고 말았다. 다시 만났지만 또 헤어지는 이 꼴이 보기 좋을 리 없었다. 또다시 한가한 세월을 보낼 생각을 하니 못 견딜 것 같았다.

여러 사람은 내가 허락만 한다면 이번에는(1934년) 평안도 지방의 순회를 하겠다고 졸랐다. 그리하여 이백수가 책임을 지고 떠나게 되었다. 개성과 사리원을 거쳐 평양에 갔는데, 역시 빚에 못 견디어 뿔뿔이 헤어져서 이백수는 나중에 기차로 오고 다른 사람들은 노자도 없어 550리를 도보로 왔다. 오는 것도 순조롭게 온 것이 아니라 거리마다 걸식을 했다니 놀랍고 슬펐다. 그 고생이 어떠했을까를 생각하니 가슴이 아팠다. 큰소리는 아니나 나 한 사람 없다고 그 영향이 이렇게 크구나 생각했다. 550리를 걸어오다니 이렇게까지 될 줄은 몰랐던 것이다. 나는 분했다. 모든 회원들의 마음은 갈가리 찢어지고 갈라져 통합할 수 없게 되어 다시 수습할 일이 난감하였다.

또다시 세월은 가니 1935년이다. 나는 다시 규합하도록 무진 애를 썼으나 그 마음이 합치지 못하니 벌써 병든 지 오래이다. 여러 날 동안 수습하느라 애를 쓰다가 단성사를 얻어 일동을 모이게 하고 일장 감개무량한 말과 우리는 뭉쳐야 산다고 주장하고 다시 갱생의 길을 갖자고 맹세를 하였다. 이렇게 한 자리에 앉아 흉금을 털어놓으니 누가 그르고 누가 잘했다 소리도 없이 다시 합하였다. 우리의 연극의 길은 정말 가시밭이요, 살풍경이었다. 우리에게 주어진 앞길은 암담할 뿐이었다. 들려오는 소문에 윤심덕이 일본에서 〈사의 찬미〉라는 노래를 레코드에 취입하고 돌아오는 길에 현해탄에서 김수산과 함께 정사情死를 하였다는 것이다. 놀랍고도 가엾은 인생이었다.

그녀도 살길을 찾지 못하고 수중에서나마 살길을 찾으려 했던 것이다. 새삼스러이 옛일이 생각났다. 그녀도 우리들과 함께 한 무대에서 뛰던 사람이 아니었던가!

해방 후에도 공연

윤백남이 일본 스키지 소극장에서 연극을 하던 홍해성이 귀국하였으니 만나자고 다방으로 나오라는 것이다. 반가워 가보니 홍해성과 윤백남도 무슨 뾰족한 수가 있는 것이 아니고 윤백남이 우리 두 사람(박승희와 홍해성)을 보고 서로 악수를 하고 연극계를 위하여 진력해주기를 바란다고 부탁하였다. 그것은 홍해성의 부탁을 받고 나를 소개하는 모양이었다. 홍해성은 아직 이곳 사정을 잘 모르는 사람이었다. 그런데 윤백남이 이렇게 나서니 웬일인가 했다. 일본에서 지내온 연극의 길은 그래도 평탄한 편인데 여기도 그런 줄만 알고 있는 홍해성은 그와는 정반대인 현실을 알고 난 뒤에는 그야말로 진퇴유곡이 되어 오도 가도 못할 것이 걱정되었다. 홍해성은 가족들도 데리고 왔으니 정차 무엇으로 생계를 꾸려나갈는지 그것부터 해결할 게 난관이다. 가족 다섯 식구가 살아갈 길이 막연하지 않은가?

나는 이곳의 실정을 일깨워 주고 우선 우리 토월회에 와서 같이 지내자고 언약을 하고 그날부터 일을 보아 주도록 주선하였다.

단성사의 3일간 공연은 순전한 결손이었다. 상연한 〈혈육〉이란 것은 내 작품이었다. 이 공연을 끝낸 뒤에 시급히 서둘러 지방 공연을 준비하여 먼저 대구로 떠났다.

부산, 마산, 진주, 목포, 군산, 대전 등 여러 곳을 돌았으나 진용이 그전보다 약했기 때문에 또 남은 것은 빚뿐이었다. 고생과 악착같이 싸우고 인내로 견디려 하였으나 부산, 목포, 군산, 대전 등지에서의 경찰서 탄압으로 휴연을 하게 되며 그 내부의 무기력이 점점 커지자 자연스럽게 공연의 열정이 줄어들고 말았다. 이렇게 토월회의 말로도 비참함을 노출하며 더 유지할 힘이 없어졌다. 그러나 최후의 순간까지 나는 회원에게 기운을 불어넣기에 애를 썼다. 고생길에 거듭 덮쳐서 마음이 약해지고 회원 중에서는 다른 길을 구하는 사람도 있어 토월회는 붕괴하기 시작했다. 한 사람씩 빠져 나가는 바람에 전체 위신은 잃었고 처세하기에 매우 어려웠다. 잔당을 거두어 진용을 메운다고 하였으나 이것은 순전한 나의 고집이요, 이미 명맥은 끊어지려 했다. 나는 억지로 공연을 하게 되었다. 프로는 역시 나의 작으로 〈얻은 떡이 두레 반〉과 〈강물은 흐른다〉였다. 이 공연으로 간신히 명맥을 유지하였다. 다시 조선 극장에서 공연을 하니 이것이 1936년인가 1937년이다. 〈고향〉이란 나의 창작과 이외에도 많이 썼는데 지금은 생각이 나지 않는다. 이 공연도 무난히 치루고 재생의 길을 열어 우리들은 평양 흥행의 길을 떠났다. 그때는 마침 음력 정초라 빈 극장을 찾을 길이 없어 분하였다. 평안도를 더듬어 극장 있는 곳은 다갔다. 압록강 강변까지 올라가니 극장이 있을 리가 없다. 남의 창고나 그렇지 않으면 학교 강당에서 공연을 하였다. 이 유랑하는 극단은 가고 또 가서 마치 압록강 거센 물에 뗏목을 타고 눈물겨운 공연을 한 셈이다. 양쪽 만주와 조선의 순사들은 총으로 겨누고 위협이 심하였으나 우리는 극단이라 내세워 우왕좌왕으로 돌아다녔다. 만포진 분견대 헌병과 창성 등지의 검문을 치르면서 순회하던 생각이 꿈과 같이 난다. 그러나 흥행은 날이 추운지라 뜻대로 안 되고 고생만 하였다. 더군다나 우원에서는 단원들이 고생하기 싫다고 떠나가는 사람도 생겨서 이들과 작별하고 나니 연극을 할 수가 없게 되었다. 그러나 이래도 절망을 하지 않고 연기자가 없으면 그다음 사람이 하고 악사가 없으면 누구나 악기를 들고 나섰다. 이렇게 하는 연극이었으나 열의가 있어서 오히려 관객들은 잘한다고 칭찬을 하였다. 천리타향에 둥지를 남기고 발길을 돌리지 않고 남의 대역도 마다하지 않고 대사를 외우느라 고심하던 것이 새삼 생각난다.

드디어 해산하다

세상은 봄이 왔다. 파릇파릇 돋아나는 풀잎 위에 다리를 쉬느라 앉아 장차 서울까지 갈 일을 생각하니 아득하다. 그러나 못 갈 것이냐, 가고 또 가고 오르고 또 오르면 못 갈 것도 없다. 신의주까지 무지무지한 뱃길로 가서 그곳 공연을 마치고 서울로 향하여 한 걸음 두 걸음 오는 길에 다시 평양을 들러 황주와 개성, 연안을 거쳐 서울역에 도착했다.

이러는 동안에 벌써 1937년이 되었다. 그러나 이제는 토월회가 아주 기력을 잃고 다시 일어설 능력도 없어졌다. 할 수 없이 다시 만날 기회도 없는 이별을 하고 말았다. 오래 따라다니던 사람들은 땅을 치고 울었다.

이리하여 나는 재산도 없어졌지만 나의 청춘과 정열마저 불사른 셈이 되었다. 이렇다 할만한 일도 못하고 허물어진 나의 청춘의 그림자 위에 눈물을 뿌려 조생할 뿐 나의 쓸쓸한 심경은 거리를 헤매게 되었다. 토월회가 남긴 것이 무엇인가? 남의 조소와 비방을 물리치고 힘찬 걸음으로 나가던 그 모습 그 정열은 어디로 갔는가? 허무한 인생은 이리하여 늙었으나 환상 속에 남아 있는 옛일은 아직도 눈앞에 있는 듯 그리운 청춘이요, 또 보고 싶은 옛 꿈이다.

동지들은 뿔뿔이 헤어졌다. 또 해를 거듭하니 이 세상을 떠난 사람도 많아 생각할수록 눈물이 난다.

그러나 연극의 길은 아직도 평탄치 않다. 내 뒤를 따르는 여러분에게 분투하기를 빌 뿐이다. 결코 실망할 연극이 아니니 가고 가고 또 가면 끝까지 갈 것이니 이 당부 잊지 말고 우리 겨레의 연극의 터전을 닦기로 하십시다.

그 뒤에 토월회는 당국의 주목이 심하여 재생할 여지가 없어 그만두고, 다시 단성사 경영권을 얻었다는 조 씨와 손을 잡고 익선동에 사무실을 두고 〈대장안〉이라는 극단을 조직하였으나 결국 지장이 생겨 공연은 한 번도 못하고 없어졌다. 그러자 토월회 잔당들의 집합으로 새로 극단이 생겼으니 그것이 태양 극장으로 얼마동안 토월회 후신 노릇을 하였다. 첫 공연은 단성사로 정하고 6월 초에 공연을 하였다. 그때의 〈사막의 광상곡〉 역시 나의 작품이며 그때 출연한 사람은 강석연, 심영, 이애리수 등이었다. 그 공연이 성공으로 끝나자 몇 번 서울서 공연이 있은 뒤 지방 공연을 나가 전국을 돌았다. 그 간 곳이 대구, 부산, 마산, 진주, 통영, 삼천포, 여수, 순천, 해남, 강진, 저주, 광주, 나주, 목포, 이리, 군산, 강경, 논산, 대전, 김천, 김제, 부안, 평택, 천안, 안성, 개성, 연안, 강연, 황주, 사리원, 평양, 안주, 박천, 신의주, 진남포, 회천, 강계, 만포진, 위원, 벽동, 창성, 귀성, 내천, 운산, 원산, 이천, 홍천, 원주, 강릉, 삼척, 울진, 구룡포, 영천, 영주, 영덕, 포항, 경주, 함흥, 청진, 흥남, 웅기, 온성, 종성, 용정촌, 봉황성, 차호, 북청, 명천, 경성鏡城, 이천, 일본의 오사카 등지를 헤맸다. 그 중에 기억나는 것은 간도 용정촌에 갔다가 봉황성에 갔을 때 마침 밤에 마적을 만나 위급하여 일행의 생사가 바람 부는 앞에 촛불과 같았을 때와 또 경상남도 남지란 곳에서 불이 나서 무대 도구와 의상을 태우고 쩔쩔매던 기억이 난다.

그리고 일본 오사카 제주도민들의 초청으로 오사카까지 갔던 일이다. 거기서 태평 레코드 회사의 권유로 〈춘향전〉 모든 막을 12매에 취입하였다. 그때 목포에서 따라온 이난영이 처음으로 〈목포의 눈물〉이라는 유행가를 취입하여 인기를 얻었는데 이난영이란 이름도 그때 내가 지어준 것으로 악극계에서 이름을 날렸다. 거기서 서울까지 오느라 그 고생한 것은 이루 말할 수가 없다. 이렇게 고난과 싸우면서 5,6년을 지내고 또다시 경찰의 감시가 심해지고 단원들의 분산으로 이것마저 부지할 수가 없어 1940년경에 필경 해산하고 말았다.

나는 전후 여러 해 동안 고생길에서 방황하면서 한 가지도 성공한 것은 없었으니 이는 나의 지식과 재주의 부족함을 탓할까? 눈물겨운 내 생애였다. 전국을 거의 두 번이나 돌고 방방곡곡에 연극의 싹을 던졌으니 이 싹이 터서 자라기만 바랄 뿐이다.

8월 15일 해방이 되었다. 세상은 한참 분주하더니 그 이듬해 봄에 박진과 이용구, 이서구 등이 토월회를 재건하겠다고 나를 나오라고 하였다. 명동으로 가는 길에 있는 자유 신문 사옥 2층을 사무실로 정하고 애로를 극복하면서 운동을 개시하였으나 그때도 자금 문제로 고민하다가 박진의 주선으로 수도 극장에 〈40년〉이라는 나의 창작을 올렸다. 그때도 역시 헤어졌던 복혜숙, 서월영, 서일성, 박제행, 이운방, 이백수, 이소연, 석금성 등이 출연하였으며 그 외에 찬조 출연한 사람도 있어 성황을 이루었다.

다음에 〈의사 윤봉길〉이란 것을 내가 써서 역시 수도 극장에 올렸다. 김구 선생이 그때의 일을 나에게 자세히 말해 주어 극본으로 쓴 것이다.

다음에는 〈모반의 피〉를 또 수도 극장에 올리고는 재건 토월회도 유지곤란으로 두 번 다시 공연을 할 수 없게 되고 말았다. 단결의 의욕이 충만하더니 그것도 물거품과 같이 사라지고 말았다.

나의 극단 생활은 1922년에 시작하여 1946년까지 전후 24~25년이 되고 토월회로만 180여 회나 되는 신작 공연을 하였으며 나의 손으로 쓴 극본이 실로 200여 편이나 되었다. 이 중에는 번안과 번역 창작 등이 있다. 정신과 육체로 줄기차게 짜내었으나 나의 일생 사업인 연극은 아무 성공이 없이 흐지부지 흘러가고 말았다. 나의 이 긴 생애를 여러모로 나에게 편달해 주시던 분에게 감사를 드리며 또 나의 후생들에게 오직 줄기차고 억세게 이 길로 전진하여 기어코 나중에 열매를 거두기를 바라면서 지루한 이 글을 끝맺는다.

선구자는 외롭다-박승희를 추억하며

나는 얼마 전 본국에서 온 신문을 보고 깜짝 놀랐다. 거기에는 우리나라 최초의 신극 운동 단체인 토월회의 창설자 춘강(박승희)이 1964년 8월 15일 갑자기 세상을 떠났다는 기사가 났기 때문이다. 그렇지 않아도 근년에는 어찌나 많은 친지들이 죽는지 본국에서 온 신문을 볼 대마다 우선 겁부터 나는데, 이제 또 박승희 씨의 부음을 들으니 한 팔이 떨어진 듯 서운하다. 내가 춘강을 알게 된 것은 1922년 동경에서 그가 토월회를 창설할 때이니까 어느덧 40여 년 전의 일이다. 당시 그는 이미 대학생이었고 나는 한낱 시험 준비 중의 중학생에 지나지 않았지만 한번 마음을 허락한 두터운 우정은 40년 동안 조금도 변함이 없었다. 따라서 내가 다소라도 토월회에 관계를 갖게 된 것은 무슨 우리나라의 신극 운동을 위해서라기보다도 순전히 춘강과의 우정이 그렇게 만든 것이라고 할 수 있다.

토월회가 한국에 데뷔한 것은 1923년 여름 방학이었는데 제1회 공연은 경험 부족으로 완전히 실패했으나 제2회 공연은 공전의 성공을 거두어 토월회의 명성과 지위를 확고하게 하였다.

그때에 춘강은 〈알트 하이델베르크〉의 공자 역으로 출연하여 애인 역인 이월화 양과 함께 훌륭한 연기를 보여주었다. 이것은 춘강의 일생일대의 걸작으로서 아마 그가 박정양 박판서의 막내아들이라는 천생의 지벌이 칼 하인리히라는 귀공자 역에 꼭 들어맞은 때문인지도 모른다. 어쨌든 우리나라의 연극을 위해서 공헌한 사람은 어지간히 많지만 어떤 한 개인이 극작과 연출과 주연을 혼자서 맡아하고 거기다가 전 재산까지 털어 바친 사람은 오직 춘강뿐이었으니 그만큼 춘강은 한국 연극 역사상 가장 큰 공적을 남긴 사람이라고 할 수 있다.

그 때문에 그는 어머님을 졸라서 유산으로 분배받은 3백 석지기 땅을 몽땅 탕진했으며 내가 토월회와 깊은 관계를 맺게 된 것도 그가 혼자서 너무나 애를 쓰는 것이 보기 딱해서 말하자면 한 팔의 힘을 빌린 것이었다.

6.25 동란을 전후해서 춘강은 내조의 공이 많은 현 부인 장세숙 여사를 잃었고 당시 남전南電 사장으로 있던 둘째 형님 박승철 씨마저 납치되는 불행을 당하였다. 그리하여 춘강은 나이 어린 여러 남매를 데리고 마산에서 피난 생활을 하다가 10년 만에 다시 서울로

돌아왔는데, 그가 상경하자마자 나는 바로 동경으로 왔으므로 아무것도 돕지를 못하여 항상 미안하게 생각하던 바 작년에 드라마 센터에서 유치진 씨의 진력으로 제1회 연극상이 수여된 것은 그나마 불행 중 다행이라고 할까 매우 잘 된 일이라고 생각한다. 작년 7월 17일자 그의 편지를 보면 "퍽도 오래간만이오. 너무 무심한 탓을 꾸짖어 주시오. 사람이란 의식주가 편해야 모든 생각이 고루 나건만 나는 돌에도 나무에도 부칠 곳이 없고 고독한 인생이라 사는 게 이게 사람 사는 것일까요. 정말 인생의 최후의 터널 속에 들어가는 듯하외다. 전일 연극상을 받았고 형의 축전도 보았나이다. 턱없는 상을 받노라니 자신의 회고보다도 감개가 무량하였나이다. 나는 마포 일간 모옥에 방 한간을 얻었지요. 찾는 이도 갈 곳도 없는 사람이외다. 웬일인지 참말 쓸쓸하외다. 푸른 하늘이 내 집이고 반짝이는 별이 내 벗으로 쓸쓸한 밤을 보내지요. 아무도 없는 빈 뜰에는 참새 두어 마리가 와서 지저귑니다......"

얼마나 고독한 하소연이냐? 그는 이 편지를 낸 지 꼭 1년 만에 세상을 떠난 것인데 서울에서 배기다 배기다 못하여 결국은 양주 그의 아버님 산소를 찾아 거기서 최후의 숨을 거둔 것이었다. 그 후 춘강과는 세교가 깊은 이홍직 씨(월남 이상재 선생의 영손)의 편지를 보면 그의 장삿날에는 비가 몹시 왔는데 회장자도 별로 없는 초라한 장례로 세태인심을 새삼스러이 깨달았다고 한다. 어찌 춘강뿐이리요. 이 나라의 선구자란 누구나 면치 못할 숙명이니 이 한 가지 사실로만 미루어 보더라도 춘강은 역시 선구자의 한 사람이었음을 더욱 똑똑하게 알 수 있을 것이다.

춘강 박승희! 나는 그를 잊을 수가 없다.

1964년 8월 30일

김을한

일제 강점기

동경 유학생 그리고 토월회 이야기

초판 발행/1986년 5월 30일
개정 1판 발행/2019년 4월 11일

지은이/김을한
펴낸이/홍정수
펴낸곳/탐구당

등록/1950. 11. 1 서울 제 03-00993호
주소/서울특별시 용산구 한강대로 62 나길 6
대표전화/02-3785-2211
팩시밀리/02-3785-2272
홈페이지/www.tamgudang.co.kr
전자우편/tamgudang@paran.com

값 18,000원

ISBN 978-89-6499-042-1
ISBN 978-89-6499-018-6 (세트)

이 도서의 국립중앙도서관 출판시도서목록(CIP)은 서지정보유통지원시스템 홈페이지(http://seoji.nl.go.kr)와 국가자료공동목록시스템(http://www.nl.go.kr/kolisnet)에서 이용하실 수 있습니다.
(CIP제어번호: CIP2019013896)

*이 책 내용의 전부 또는 일부를 재사용하려면 반드시 저작권자와 탐구당 양측의 동의를 받아야 합니다.